REIHE SIEGEN

Beiträge zur Literatur- und Sprachwissenschaft

Band 26

Eine Schriftenreihe der Universität – Gesamthochschule – Siegen

Herausgegeben von

Wolfgang Drost, Helmut Kreuzer
Wofgang Raible, Karl Riha
und Christian W. Thomsen

ANGLISTISCHE ABTEILUNG

Verantwortlicher Herausgeber dieses Bandes: *Christian W. Thomsen*

Gedruckt mit Unterstützung des
Ministeriums für Wissenschaft und Forschung des
Landes Nordrhein-Westfalen

GOTTFRIED BÜTTNER

Samuel Becketts Roman „Watt"

Eine Untersuchung
des gnoseologischen Grundzuges

HEIDELBERG 1981
CARL WINTER · UNIVERSITÄTSVERLAG

Dissertation am Fachbereich Anglistik/Romanistik
der Gesamthochschule Kassel — Universität des Landes Hessen
Berichterstatter: Prof. Dr. Gerd Rohmann, Prof. Dr. Konrad Schoell

---

Cip-Kurztitelaufnahme der Deutschen Bibliothek

Büttner, Gottfried:
Samuel Becketts Roman „Watt": e. Unters.
d. gnoseolog. Grundzuges / Gottfried Büttner. —
Heidelberg: Winter, 1981.
  (Reihe Siegen; Bd. 26: Anglist. Abt.)
  ISBN 3-533-02996-4 Kart.
  ISBN 3-533-02997-2 Gewebe
NE: GT

ISBN 3-533-02996-4 Kart.
ISBN 3-533-02997-2 Ln.

Alle Rechte vorbehalten
© 1981. Carl Winter Universitätsverlag, gegr. 1822, GmbH., Heidelberg
Photomechanische Wiedergabe nur mit ausdrücklicher Genehmigung durch den Verlag
Imprimé en Allemagne. Printed in Germany
Satz: Elsner & Behrens GmbH, 6836 Oftersheim
Druck: Carl Winter Universitätsverlag, Abt. Druckerei, Heidelberg

Für Marie Renate

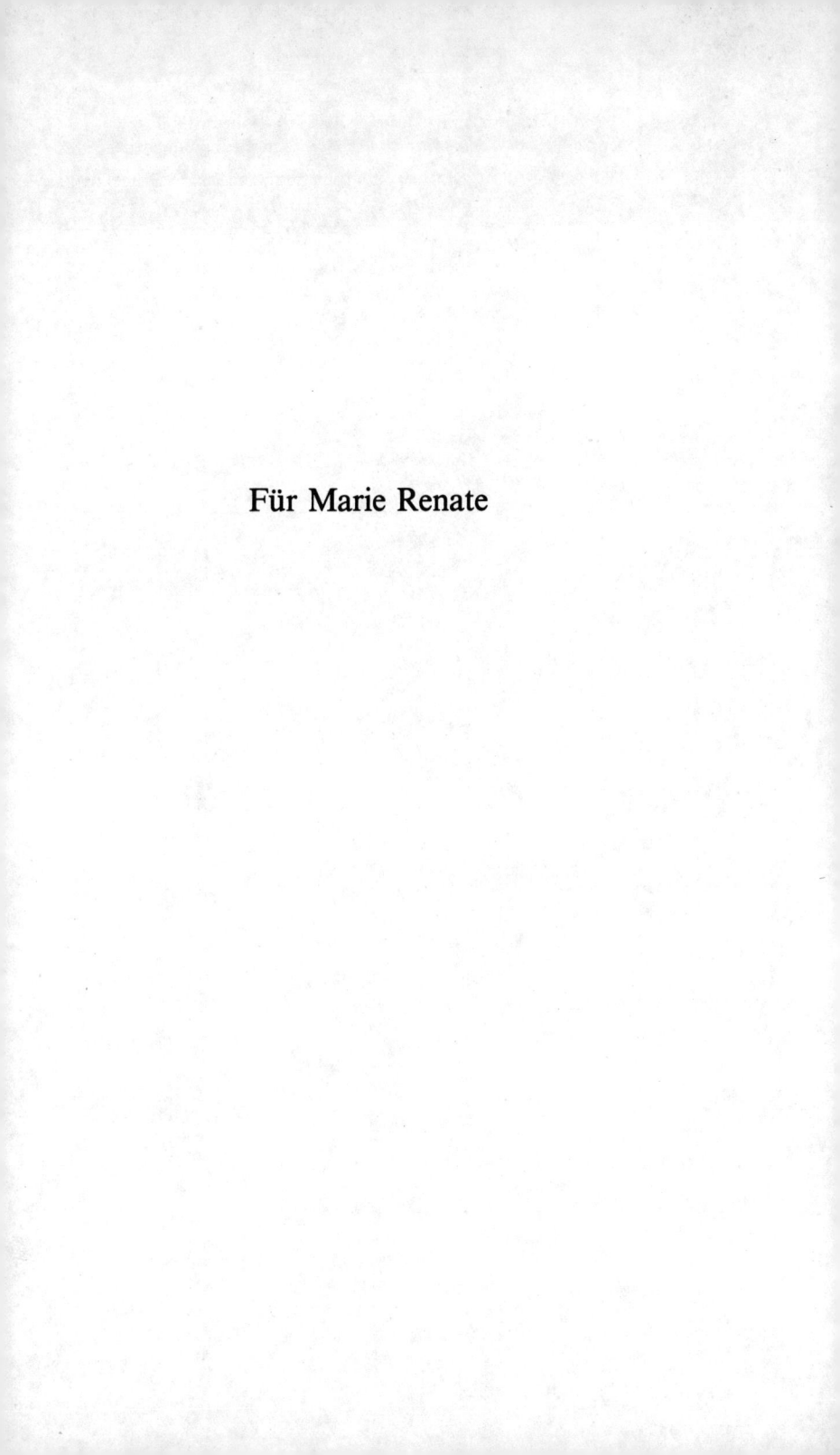

Für Marie Renate

Vorwort

In *Watt,* seinem bisher letzten größeren Roman in englischer Sprache, setzt sich Beckett nicht nur am entschlossensten von bekannten Erzähltraditionen ab, er stößt radikal in geistiges Neuland vor.

Eine Dissertation über dieses Werk muß sich der Herausforderung stellen, zumindest den Versuch wagen, den Erkenntniswert dieses rätselhaften Werkes zu ergründen. Das Ergebnis kann Diskussionen auslösen, da es unkonventionell ist. Bei seiner Arbeit kam es dem Verf. zugute, daß er mit seiner ersten Promotion einen Forschungsbeitrag auf dem Gebiet der medizinischen Psychologie (pathobiographische Betrachtungen über Chr. Morgenstern und Novalis) leistete. Dr. Büttner gab sich nie mit dem körperlichen Positivismus der Schulmedizin zufrieden, sondern fragte stets auch nach der geistigen Realität des Menschen. Hierin ist wohl seine Liebe zur Kunst und Literatur begründet, deren moderne Phase er in einem Buch über absurdes Theater und Bewußtseinswandel untersuchte. Außerdem verbindet ihn mit Samuel Beckett eine jahrzehntelange Freundschaft.

Wenn in der Gestalt Watts eine personifizierte Frage nach dem geistig-seelischen Wesen des Menschen gestellt wird und Watts Weg durch Geburt-Leben-Tod als leibliche Existenz und Abfolge von Bewußtseinszuständen begreifbar ist, dann hat ein Mediziner, der Literaturwissenschaft studiert hat, wohl einiges hierzu zu sagen.

Kassel, im Januar 1981   Gerd Rohmann

Inhalt

Vorwort von Prof. Dr. Gerd Rohmann   7

Einleitung   11
1. Probleme der Interpretation   11
2. Die Entstehung des Romans WATT   15
3. Zum Stand der Forschung über WATT   17
4. Die Übersetzungen von WATT ins Französische und ins Deutsche   36
5. Esoterische Qualität, Form als Ver-Dichtung und gnoseologischer Gehalt   40
6. Plan des Vorgehens   49

Abschnitt A: Die Präsentation des Gehalts im Roman WATT   50

Teil I: Einführende Ereignisse und Watts Weg zu Mr. Knotts Haus. Arsenes „Erklärung"   50
Teil II: Watts Erlebnisse im Erdgeschoß von Mr. Knotts Haus. Watts Neugier auf Erskines Aufgabenkreis   59
Teil III: Watts Erlebnisse im „Obergeschoß" – Watt und Sam   66
Teil IV: Watts Abschied und Weg zurück zum Bahnhof   72
Zusammenfassung des Handlungsablaufs   78

Abschnitt B: Zur Komposition und formalen Eigenart von WATT   81

1. Vorbemerkungen   81
2. Das Verhältnis der vier Teile von WATT zueinander   90
3. Teil II und Teil III   91
4. Beginn und Ende: die Teile I und IV   107

Abschnitt C: Der gnoseologische Grundzug in WATT   111

1. Das Zerbrechen rationaler Strukturen: Voraussetzung für eine Erweiterung des Erfahrungsbereichs   111
2. Bildelemente zum Erfassen des Seins und Werdens des Menschen   125
3. Zur psychologischen Situation Watts und seines Schöpfers   142
4. Das „Hundeleben" auf Erden und der schwierige Zugang zu Mr. Knotts Welt   151
5. Die in WATT abgebildete innere Wahrnehmungswelt und die ihr entsprechende Realitätsebene   158

Schlußbemerkung   169

Gesamtverzeichnis der verwendeten Literatur   171

Summary   175

"There is a certain esoteric quality
hidden skeletally in Beckett's work."

A. J. Leventhal[1]

Einleitung

1. Probleme der Interpretation

Der Erkenntniswert eines Romans ist sowohl von literaturwissenschaftlichem als auch von anthropologischem Interesse. Eine erkenntniskritische Interpretation dient dazu, sich den Gehalt eines dichterischen Werkes bewußt zu machen. Ein entsprechender Versuch über Samuel Becketts Roman WATT wird hier vorgelegt.

Diese Arbeit befaßt sich mit dem gnoseologischen Grundzug dieses Romans. Gegenüber den literaturkritischen oder wirkungsästhetischen Ansätzen anderer Autoren waren für diese Arbeit anthropologisch-phänomenologische und psychologische Gedankengänge leitend.

Alle Interpretationen sind abhängig vom Standpunkt des Interpreten. Das relativiert den Wert solcher Untersuchungen, die deshalb auch keinen Anspruch auf Ausschließlichkeit erheben. Diese einschränkende Feststellung macht jedoch einen hermeneutischen Versuch wie diesen nicht überflüssig. Der Betrachter muß schon deshalb in die Betrachtung mit eingehen, weil bei einem auf die Erforschung des Bewußtseins hinorientierten Roman wie WATT Subjekt und Objekt qualitativ gleich sind.

Um den Roman WATT deutlich von der Figur Watt zu unterscheiden, ist anstelle des Kursivs die Großschreibung gewählt worden. Alle anderen Titel von Büchern oder Theaterstücken sind kursiv gedruckt.

[1] Leventhal, A. J.: *The Beckett Hero*, abgedruckt in M. Esslin (ed.): *Samuel Beckett: A Collection of Critical Essays* (Englewood Cliffs, N.J. 1965), S. 48. Leventhal war Professor an Becketts früherer Universität, dem Trinity College in Dublin, und lebte bis zu seinem Tode in Paris. Eine langjährige Freundschaft verband ihn mit Beckett.

Ein Interpretationsbedürfnis stellt sich bei der Begegnung mit Becketts Werken fast zwangsläufig ein. Dies ist, trotz einiger Schutzbemerkungen Becketts, die dieser These zu widersprechen scheinen, offenbar so von ihm veranlagt, gewollt. So hat er die vielfach gestellte Frage, wer mit „Godot" gemeint sei und was er bedeute, entweder mit der Bemerkung abgetan, er habe einmal jemand mit dem Namen Godeau gekannt, oder er hat, wie Alan Schneider berichtet, geantwortet: "If I knew, I would have said so in the play".[2] Das charakterisiert Beckett als Künstler, dessen Anliegen es nicht ist, sich selbst zu kommentieren oder seine Werke zu interpretieren. Es genügt ihm, die von ihm aufgeworfenen Fragen und Probleme so präzise wie möglich zu formulieren.

Anläßlich der von ihm inszenierten *Endspiel*-Aufführung in der Werkstatt des Schillertheaters in Berlin (1967) hat Beckett folgende handschriftliche Erklärung ins Progammheft drucken lassen:

> „*Endspiel* will bloßes Spiel sein.
> Nichts weniger. Von Rätseln, von Lösungen,
> also kein Gedanke. Es gibt für solches
> ernstes Zeug Universitäten, Kirchen,
> Cafés du Commerce u.s.w."[3]

Beckett tritt mit dieser Aussage der (in Deutschland oft fatalen) Neigung zu spekulativer Interpretation entgegen, läßt

---

2 Schneider, A.: *Waiting for Beckett*, in: *Chelsea Review* (New York, N.Y., Herbst 1958) und nachgedruckt in *Beckett at Sixty,* Calder and Boyars (London 1967), S. 38. Dort heißt es weiter: "Sam (Beckett) was perfectly willing to answer any questions of specific meaning or reference but would not – as always – go into matters of larger or symbolic meanings, preferring his work to speak for itself and letting the supposed 'meanings' fall where they may."

3. *Programmheft Nr. 187* der Schiller-Theater Werkstatt 1967/68. Das zitierte Statement Becketts ist durch zwei Fragen veranlaßt worden. Sie lauten:
   I.   Als „Endspiel" vor zehn Jahren zum erstenmal aufgeführt wurde, hinterließ das Stück bei einem großen Teil des Publikums das Gefühl der Ratlosigkeit. Man fand, daß den Zuschauern Rätsel aufgegeben würden, deren Lösung auch der Autor nicht wisse. Glauben Sie, daß „Endspiel" den Zuschauern Rätsel aufgibt?
   II. Sind Sie der Meinung, daß der Autor eine Lösung der Rätsel parat haben muß?

jedoch im scherzhaften Widerspruch die Möglichkeit erkennen, daß sich Universitäten etc. um eine gedankliche Auseinandersetzung mit seinem Werk bemühen. Wie eine zweite Bemerkung in diesem Zusammenhang (vgl. Fußnote 3) deutlich macht, sieht er es nicht als seine Aufgabe an, aufgeworfene Fragen selbst zu beantworten. Er hat keine fertigen Antworten parat.

Ratlosigkeit als Ausdruck einer tiefen Irritation befällt die meisten, die sich mit einem Werk Becketts konfrontiert sehen. Es regt sich in ihnen ein Fragedrang, weil Antworten verweigert werden und weil es keine gängigen Antworten gibt. Hierin sieht man mit Recht die Quelle des Interpretationsbedürfnisses. Dieses Interpretationsbedürfnis ist nicht nur eine Erfahrung von Lesern Beckettscher Texte, die wegen ihrer Schwierigkeit gewöhnlich nur einen engeren Leserkreis erreichen, der ohnehin zur Interpretation neigt; es ist das auch das normale Erlebnis der viel zahlreicheren Zuschauer seiner Stücke. Es steckt in Becketts Werk auch ein Element intellektueller Verführung, der professionelle Kritiker offenbar noch leichter erliegen als gewöhnliche Theaterbesucher. Es war dies besonders zur Zeit des ersten Erscheinens der großen Stücke Becketts, wie *En attendant Godot* und *Fin de partie* der Fall, und das war offenbar Anlaß, bei der Wiederaufführung in Berlin die oben zitierten Feststellungen zu treffen.

Die Frage I hat Beckett wie zitiert beantwortet, wobei auffällt, daß er die Formulierung „nichts weniger" in Bezug auf das Spiel benutzt, nicht etwa „nicht mehr als ..." wie man erwarten könnte. Das läßt erkennen, welchen Rang er einem Spiel bzw. einem Kunstwerk einräumt. Auch der Zusatz, daß es für eventuelle Lösungen der Rätsel („solches ernstes Zeug", wie es salopp heißt) Universitäten, Kirchen und Kaffeehäuser gibt, bestätigt nur, was Alan Schneider schon 1958 festgestellt hat (siehe Anm. 2). Deshalb heißt es auch lakonisch zu Frage II: „Der dieses Spieles nicht".
Dieses Statement Becketts ist öfters zitiert worden. Man findet es in *Materialien zu Becketts Endspiel* (Frankfurt 1968), S. 6, und in W. Isers *Die Artistik des Mißlingens,* Winter (Heidelberg 1979). In beiden Fällen steht irrtümlich „Endspiel wird ..." statt *will,* wie es richtig heißt. (Vgl. das faksimiliert wiedergegebene Statement Becketts im Programmheft Nr. 187 des Schillertheaters.)

Im übrigen ist das den Beckett-Texten immanente erregende Moment, das sich im anschließenden Interpretationsbedürfnis „entlädt", von Literaturwissenschaftlern längst erkannt und exakt beschrieben worden, von W. Iser im Zusammenhang mit der Theorie der Beckett-Rezeption[4].

Einige biografische Gesichtspunkte, die ich aufgrund eigener Erfahrungen und Erlebnisse mit dem Autor Samuel Beckett mit einbringen kann, sollen meine Interpretation stützen. Mir ist dabei bewußt, daß Beckett sich bemüht, hinter seine Texte zurückzutreten. John Pilling hat vermutlich aus dieser Kenntnis das folgende Motto für sein Buch über *Samuel Beckett*[5] gewählt: "The author is never interesting". Dieser von Beckett stammende Satz charakterisiert in der Tat das von ihm angestrebte Verhältnis von Autor und Werk. Andererseits gibt es unauflösliche biografische Verbindungen zwischen Dichter und fiktivem Kunstwerk:

> ... die offensichtlichste Ursache eines Kunstwerks ist sein Schöpfer, der Autor. Daraus erklärt es sich, daß die auf Persönlichkeit und Leben des Dichters fußende Deutung eine der ältesten und am häufigsten angewandte Methode der Literaturwissenschaft ist.[6]

Das genaue Textstudium genießt in dieser Arbeit Priorität. Dennoch sollte auf das, was aus anderen Quellen als dem Text (z. B. aus Briefen und Gesprächen) hinzugezogen werden konnte, nicht verzichtet werden. Diese biografischen Details können die Interpretation erhellen und abstützen. Meine Ar-

---

4 Vgl. Iser, W.: *Der implizite Leser* (München 1972), S. 410, wo es heißt: „Wenn das Stück ihm (dem Zuschauer) nicht sagt, was es bedeuten soll, dann wird er entscheiden, was es zu bedeuten hat. Das aber heißt: Die vom Stück ausgehende Wirkung beginnt den Charakter eines Sogs anzunehmen, den der Zuschauer in erhöhtem Maße als Interpretationszwang empfindet". Die besondere seelische Aktivierung, deren Ausdruck der „Interpretationszwang" ist, wird von W. Iser auch aus den fortwährenden Negationen in den Beckett-Texten abgeleitet. Hierüber hielt Iser 1973 in Berlin einen Vortrag, abgedruckt als *Das Werk von Samuel Beckett,* in: *Berliner Colloquium* (Frankfurt a.M. 1975), S. 54ff. Vgl. auch Iser, W.: *Der Akt des Lesens* (München 1976) und Smuda, M.: *Becketts Prosa als Metasprache,* Fink (München 1970).
5 Pilling, J.: *Samuel Beckett,* Routledge and Kegan Paul (London, Henley, Boston 1976), S. 1.
6 Wellek-Warren: *Theorie der Literatur* (Berlin 1968), S. 60.

gumentation beruht jedoch nicht auf diesen Kenntnissen, sondern auf hermeneutischer Logik.

2. Die Entstehung des Romans WATT

Beckett hat dieses Buch während des Krieges geschrieben. In einem Brief vom 12. April 1978 äußerte er sich dazu: *"Watt was begun in Paris 1942, then continued evenings mostly in Roussillon and finished 1945 in Dublin + Paris"*.[7] Im Département Vaucluse hatte er sich vor der deutschen Besatzungsmacht in Sicherheit gebracht. Er mußte in dieser Zeit auf dem Lande arbeiten, um von den Bauern Lebensmittel zu bekommen. D. Bair zitiert in ihrer Beckett-Biografie[8] einen Brief, den Beckett am 14. Mai 1947 an seinen Freund George Reavey über die Entstehung des Romans WATT geschrieben hat. Darin heißt es, er habe das Buch in "dribs and drabs, first on the run, then of (sic!) an evening after the clod-hopping", also zunächst auf der Flucht, dann abends nach der Feldarbeit verfaßt. WATT wurde demnach in einer für Beckett äußerst schwierigen Situation niedergeschrieben.

Erschienen ist der Roman zunächst in Fortsetzungen in der angloamerikanischen Literaturzeitschrift *Merlin* zwischen 1950 und 1953, nachdem Reavey vergeblich versucht hatte, einen Verleger für dieses Buch zu finden. Dann erschien 1953 eine limitierte Ausgabe in der Olympia Press Paris (als Band I der *Collection Merlin*). Die erste reguläre Ausgabe von WATT ist gleichfalls in der Olympia Press, jedoch erst 1958, erschienen. Die von mir benutzte Ausgabe ist die bei John Calder Ltd. (London, 1963) gedruckte, die der Erstausgabe entspricht.

Auf meine Frage, in welcher Weise das Buch geschrieben worden sei, antwortete mir Beckett in dem oben genannten Brief vom 12. April 1978: "It was written as it came, without

---

7 Empfänger dieses Briefes (und aller weiteren) ist der Verf. dieser Arbeit.
8 Bair, D.: *Samuel Beckett – A Biography* (New York und London 1978), S. 364.

preestablished plan." Das ist hinsichtlich der gelegentlich geäußerten Vermutung, das Buch sei vielleicht in einer anderen als der vorliegenden Kapitelfolge geschrieben worden, von Bedeutung. In Band 2 der Suhrkamp Werkausgabe gehen die Herausgeber, E. Tophoven und K. Birkenhauer, in den Anmerkungen dieser Frage nach und meinen, einiges deute darauf hin, daß, entsprechend der Andeutung Becketts zu Beginn des Teils IV, der Roman nicht kontinuierlich in der jetzt vorliegenden Reihung der Kapitel niedergeschrieben worden sein könne. Das Infragestellen der Kapitelfolge hat jedoch andere Gründe, worauf ich in Abschnitt B dieser Arbeit eingehe. Nach der hier zitierten Äußerung des Autors spricht nichts dafür, daß der Hinweis zu Beginn des Teils IV von WATT „entstehungsgeschichtlich gedeutet werden darf", wie die Herausgeber der Suhrkamp-Ausgabe meinen. Sie betonen allerdings, man müsse mit solchen Vermutungen vorsichtig sein, „da man den Erzählern von Becketts Romanen, die sich so gern widersprechen und selber ins Wort fallen, nur das glauben darf, was ihnen auch anderweitig aus dem Text nachzuweisen ist."[9]

WATT steht zwischen dem 1938 erschienenen Roman *Murphy,* einem Buch, das seinerzeit keine Beachtung fand, *Mercier et Camier* (entstanden 1946/47, aber erst 1970 von Beckett zur Veröffentlichung freigegeben) und der 1947–50 geschriebenen Roman-Trilogie *Molloy, Malone meurt* und *L.'Innommable.* WATT ist noch englisch geschrieben, die folgenden Romane französisch. WATT ist erst spät von Elmar Tophoven ins Deutsche übersetzt worden und 1970 bei Suhrkamp erschienen. Für manchen Beckett-Leser, der *Murphy* und die Trilogie kannte, war WATT wie ein "missing link".

Beckett wollte, daß man WATT als Fortsetzung von *Murphy* ansehe. D. Bair schreibt darüber: "Beckett ... wanted readers to think of WATT as the continuation of a series." (S. 364)

---

9 Suhrkamp *Werke,* hrsg. von E. Tophoven und K. Birkenhauer (Frankfurt a.M. 1976), S. 618/619.

Seinem Freund George Reavey schrieb Beckett: WATT "has its place in the series, as will perhaps appear in time".[10] Leichter zu lesen als die Roman-Trilogie ist WATT keineswegs, und es fällt auf, daß sich mit ihm weniger Sekundärschriften befassen als mit den anderen Büchern Becketts, ganz zu schweigen von der schier unüberschaubaren Literatur zu *En attendant Godot*. WATT scheint in seiner Mehrdimensionalität schwer begreifbar zu sein.

3. Zum Stand der Forschung über WATT

Um eine Übersicht über die vorhandene Sekundärliteratur[11] über WATT zu bekommen, ohne die Chronologie der Veröffentlichung zu unterbrechen, wird folgende Gruppierung vorgenommen: in einem Unterabschnitt I werden die Arbeiten von Autoren zusammengestellt, die sich ausschließlich mit WATT befassen. In Unterabschnitt II wird über Abschnitte bzw. Kapitel aus Büchern berichtet, die zu WATT im Rahmen allgemeiner Betrachtungen über Becketts Romane Stellung beziehen.

Ein Teil der Sekundärliteratur wird in Abschnitt C zudem benutzt, um den eigenen Standpunkt zu WATT in kritischer Auseinandersetzung mit anderen Autoren herauszuarbeiten.

Unterabschnitt I

Die wohl früheste Arbeit über WATT speziell stammt von Jacqueline Hoefer (1959). Ihre Arbeit ist 1965 in dem von M. Esslin herausgegebenen Sammelband *Samuel Beckett – A Collection of Critical Essays* erneut abgedruckt[12]. J. Hoefer

10 Zit. nach D. Bair, a.a.O., S. 364.
11 Vgl. Bryer, J. R.: *Samuel Beckett: A Checklist of Criticism* in: Friedman, M. J. (ed.): *Samuel Beckett Now* (Chicago 1970) und die alphabetischen Literaturhinweise am Ende dieser Arbeit.
12 Vgl. Fußnote 1. Die im Zusammenhang mit den folgenden Zitaten genannten Seitenzahlen beziehen sich auf den Abdruck in M. Esslins Sammelband, nicht auf die urspr. in *Perspective,* Vol. CI, No. 3 (Autumn 1959) erschienene Arbeit von J. Hoefer, die den Titel „WATT" trug.

befaßt sich vor allem mit den logischen Aspekten des Romans WATT. Zunächst stellt sie fest: "Watt professes to be interested only in external, sensory phenomena ... his approach is scientific." (S. 63) Bald muß er jedoch entdecken, daß das in Mr. Knotts Haus nicht geht:

> Gradually, Watt is obliged to recognize that a description of the outer meaning in the manner practiced by scientific observers, or advocated by logical positivists, will not suffice at Mr. Knott's house. (S. 65)

Sie kommt zu dem Ergebnis, daß hier das Scheitern jeder Suche nach *Wirklichkeit* demonstriert wird. Am Beispiel der weggenommenen Leiter, das Beckett dem Vorgänger von Watt, Arsene, im Roman in den Mund legt, zieht J. Hoefer Vergleiche zu Wittgensteins *Tractatus,* in dem dieses Bild von der Leiter, die man wegwerfen muß, nachdem man sie erklommen hat, ebenfalls benutzt wird, allerdings mit der dezidierten Meinung, man müsse schweigen über das, von dem man nichts sagen könne. Beckett hat dies bekanntlich nicht getan. Die Arbeiten Wittgensteins hat er auch noch nicht gekannt, als er WATT schrieb. In J. Hoefers Essay wird Watt als tragisch-komische Figur behandelt, die erfährt, daß "the irrational cannot be reached with rational tools", was unbestreitbar ist. Fraglich ist jedoch ob deshalb der Schluß ihrer Arbeit zutrifft, daß Watt "ends dum, num, blin (sic!)." (S. 76)

David H. Hesla hat 1963 und 1971 zu WATT Stellung genommen. Die erste Arbeit ist *The Shape of Chaos: A Reading of Beckett's Watt* betitelt[13] und befaßt sich mit formalen Aspekten des Romans, die im Hinblick auf die hier vorgelegte Interpretation von untergeordneter Bedeutung sind. Hesla sieht es als gegeben an, daß das Leben des modernen Menschen in einer "mess", einer Konfusion, einem Chaos sich abpielt und daß es die Aufgabe eines jeden Schriftstellers ist, seine Aussagen zu formen bzw. zu formulieren, was auf die fundamentale Schwierigkeit hindeutet, in der Beckett sich als zeitgenössischer Dichter befindet. Er zitiert daher Beckett selbst

---

13 Hesla, D. H.: *Critique* 6 (Spring 1963), S. 85–105.

(S. 86) "To find a form that accommodates the mess, that is the task of the artist now." D. H. Hesla sieht es als selbstverständlich an, daß WATT die Geschichte eines Irren wiedergibt. Zunächst beginnt der Roman traditionell:

> *Watt* is told from a point of view which seems at first to be omniscient. Then, about half-way through the work, we learn that the narrator is Watt's friend, and everything he knows about Watt has been told him by Watt himself. Only at the beginning of the third chapter do we discover that the narrator is named Sam, and that he and Watt are inmates at the same mental institution. (S. 86/87)

In WATT entdeckt Hesla auch Parallelen zu Dantes Höllenfahrt und zu Christi Kreuzweg, die allerdings bald wieder verlassen wurden. (S. 88/89) Er kommt zu der bemerkenswerten Aussage: "Every major character, every major scene and incident, seems to invite interpretation, whether plausible or not, based on esoteric intelligence." (S. 89/90) Die Arbeit befaßt sich dann mit den verschiedenen „Geschichten", die in WATT erzählt werden und mit Mr. Knotts Eigenschaften: "Mr. Knott may be interpreted to be in some sense an ikon of the divine." (S. 98) In diesem Zusammenhang kommt Hesla auf Bibelzitate (Korintherbriefe und die Apokalypse des Johannes) und vermutet sogar, daß

> we may reasonably conclude that WATT is the narrative of the Passion of one of the two thieves — and most likely of the one to whom the words of promise were not spoken (S. 99)

Dabei sieht Hesla selbst die Gefahren einer solchen Interpretation:

> The chief danger of this interpretation of the novel as an allegory in the traditional sense. (S. 101) ... there is far too much in the novel which cannot be accounted for by reference to a neat allegorical system. (S. 102).

Hesla wendet sich daraufhin wieder der Struktur des Werkes zu und bemerkt, daß jeder Abschnitt des Romans wie in einer Wellenbewegung zum Ausgangspunkt zurückkehrt: "... each of the chapters returns the reader to more or less the same world it carried him from", eine Feststellung, die jeder

Leser nachempfinden wird. Ob es jedoch zutrifft, daß WATT ein Buch über „Nichts" ist, müßte genauer untersucht werden, als dies hier geschieht, zumal der Autor Knott/nought gleichsetzt:

> Ultimately it makes no difference whether Mr. Knott is God or whether he is Nought; for even if he is God, he is so unavailable to the need, aspiration, and method of Watt that he might as well be not as be. (S. 105)

In seiner zweiten Arbeit, die D. H. Hesla WATT gewidmet hat[14], befaßt er sich mit dem Scheitern des Wahrheitssuchers Watt. Er geht davon aus, daß Watt Erfahrungen macht, die er kaum oder gar nicht versteht. Insofern unterscheide er sich auch von Murphy. "... the novel is a tale told by a psychotic to a psychotic and then retold to us", meint er. Umso bemerkenswerter ist, daß er Beziehungen zu vielen Denkern zieht, die über ähnliche Probleme nachgedacht haben wie Beckett: von den alten Griechen (Empedokles, Demokrit etc.) bis zu Kierkegaard, wobei er besonders auf Berkeley, Leibniz, Spinoza und Descartes eingeht. (S. 73) Das Ganze endet wieder im Zusammenbruch der Ratio (S. 79). In Bezug auf Mr. Knott relativiert Hesla seine frühere Gleichsetzung mit God oder Nought indem er ihn mit Philosophen vergleicht und letztlich den parodistischen Charakter dieser Figur herausstellt:

> We have dressed Mr. Knott pretty heavily in the robes of symbolism though not, I hope, without justification. As a symbol of the God of parody; *er fügt jedoch hinzu:* but as an image of the God of re- of parody; er fügt jedoch hinzu: but as an image of the God of religion he is not. Instead, he is the object of yearning and love. (S. 83)

Es gibt drei Arbeiten von Ruby Cohn[15] über WATT, die zeitlich vor bzw. zwischen den beiden bereits besprochenen

---

14 Hesla, D. H.: *The Shape of Chaos: An Interpretation of the Art of Samuel Beckett* (Minneapolis 1971), S. 59–85

15 Cohn, R.: 1) *WATT in the Light of the Castle, Comparative Literature* 13 (Spring 1961), S. 154–166. 2) *Samuel Beckett: The Comic Gamut* (New Brunswick, N.J. 1962). 3) *Philosophical Fragments in the Works of Samuel Beckett,* urspr. in *Criticism: A Quarterly for Literature and the Arts,* Vol. VI, No. 1 (Winter 1964), abgedruckt in M. Esslins Sammelband über *Samuel Beckett* a.a.O., S. 169ff.

von D. H. Hesla liegen (1961, 1962 und 1964). Vor allem die 1964 Erschienene läßt sich gut im Anschluß an die Interpretation Heslas behandeln. Die erste Arbeit von R. Cohn ist eine rein komparatistische. Sie setzt WATT in ein nahes Verhältnis zu Kafkas *Schloß*. Zwar kann man hier Parallelen aufzeigen, doch ergeben sich für die hier vorgelegte Deutung keine Konsequenzen aus einem solchen Vergleich. Der 1922 entstandene Roman *Das Schloß* schildert die äußerste Verlassenheit, in der ein Mensch sich finden kann, eine Grenzerfahrung. Diese Verlorenheit erinnert an Beckett. Die bei Kafka dominierende Angst und sein Schuldgefühl sind jedoch bei Beckett nicht vorhanden oder treten zumindest stark zurück gegenüber einem zähen Durchhaltevermögen, das nur mit dem ihm eigenen Stoizismus zu erklären ist, ganz abgesehen davon, daß Kafka der Form nach ein konventioneller Erzähler war, auch wenn er die Wirklichkeit von innen wie mit einem „Seelenperiskop" betrachtet hat. Beckett nimmt zwar einen ähnlichen innerlichen Standpunkt ein, er wendet sich von der fragwürdig gewordenen äußeren Wirklichkeit ab, aber er übertrifft Kafka mit seiner nüchterneren Sehweise und durchbricht vor allem die zeitliche Erzählstruktur. Beckett behandelt in WATT Phänomene, die Kafka so nicht wahrgenommen hat.

R, Cohns zweite Arbeit (1962) behandelt die komischen Aspekte von Becketts Werk. Sie trägt den Titel *The Comic Gamut*. Sie ist für den *gnoseologischen* Aspekt verständlicher Weise weniger von Bedeutung als die dritte, die auf die philosophischen Bezüge des Romans WATT eingeht und damit unmittelbar in Beziehung steht zu D. H. Heslas Interpretation. R. Cohn geht gleichfalls von der „mess" aus, die Beckett im Leben vorfindet und beschreibt. Cohn und Hesla weisen beide auf eine entsprechende Äußerung Becketts hin, die T. F. Driver übermittelt hat[16].

Zunächst weist R. Cohn auf die heutzutage dominierenden philosophischen Richtungen des logischen Positivismus und der Existenzphilosophie hin, die in je eigener Weise versuchen,

---

16 Driver, T. F.: *Beckett by the Madeleine, Columbia Forum, IV* (Summer 1961), S. 21–25

den Dualismus eines Descartes zu lösen. Es wird unterstellt, daß Watt sich wie ein musterhafter Student Wittgensteins verhalte, "using his senses, logic, and language with maddening meticulousness". (S. 175) Konfrontiert mit Mr. Knotts irrationaler Existenz versagt dann jedoch Watts Begriffsvermögen: "his speech grows incoherent, and his mind breaks down, so that he has to be institutionalized." (S. 175)

Die daraus zu ziehende Schlußfolgerung, meint die Autorin, ist, daß Watts Rationalismus und Empirismus zu einer Form von Solipsismus führt, die als *insane* zu bezeichnen sei. R. Cohn konstatiert:

> When Beckett turned from English to French as a writing language, his protagonists turned from a kind of Logical Positivism to a kind of Existentialism.

Alle bisher erwähnten Arbeiten über WATT betonen, daß der Übergang der Hauptperson aus einer rationalen Vorstellungswelt in ein irrationales Seinsgebiet mit dem Verlust der Vernunft verbunden ist. Watt ist ein Verrückter, der einem „Freund" (und Mit-Insassen) in einer Irrenanstalt Geschichten erzählt, die mehr oder weniger irrsinnig sind und deshalb keinen Zusammenhang haben. Es wird unterstellt, daß Beckett das Ende allen logischen Begreifens darstellt.

Im Winter 1962/63 hat J. Mitchell Morse eine Arbeit über die kontemplative Seite Becketts geschrieben[17]. Diese befaßt sich auch, wenn auch nicht ausführlich, mit WATT. Bemerkenswert ist seine Feststellung, daß "of all strenuous lives the contemplative life is the most strenuous." (S. 512) Alle Protagonisten Becketts, zu denen Watt und Sam selbstverständlich zu zählen sind, seien sich ähnlich. Wir haben es seiner Ansicht nach hier mit einer Art Figuren-Einheit zu tun, die nicht eine formale, sondern vielmehr eine metaphysische ist. Inhaltlich geht es nicht um eine Relation von verschiedenen „plots", sondern um "recurrent symbols", wie Morse schreibt. (S. 514)

---

17 Morse, J. M.: *The Contemplative Life According to Samuel Beckett, Hudson Review* (Winter 1962/63), S. 512–524.

> For notwithstanding the whimsical and ambiguous disclaimer at the end of WATT, "No symbols where none intended", Beckett's novels are forests of symbols, artfully planted, tended and intended ...(S. 515)
>
> The protagonists all walk or crawl with difficulty, being pilgrims in this world; they all play games of permutation, vainly seeking that perfect distribution in which alone True Justice consists; they all prefer the contemplative to the active life; they are all scorned by the active world, and altogether they have so many habits, attitudes and afflictions in common that I suspect that we have to do with a series of metempsychoses or eternal returns. (S. 515)

Watt leidet wie alle Protagonisten Becketts unter der Krankheit "of seeing everything whole, under the aspect of eternity ..." Eine Krankheit, "that unfits us for mortality ..." (S. 522)

Zwei thematische Arbeiten sind 1963 bzw. 1964 über WATT erschienen. Die eine ist von Sidney Warhaft[18] und trägt den Titel *Threne and Theme in WATT,* die andere von Susan Field Senneff[19]. Auch diese Arbeit ist auf Inhaltliches spezialisiert. Sie untersucht die verschiedenen Songs, beginnend mit demjenigen, den Watt hört, als er in den Graben gerollt ist. Die Autorin ist davon überzeugt, daß die Musik fortführt, was sprachlich nicht mehr in Worte zu fassen ist: "The form of the music not only parallels the events of Watt's life, but carries the themes to their conclusion." (S. 149) Beide Untersuchungen, die von Warhaft und die von Senneff, sind allerdings in keine direkte Beziehung zum Thema der hier vorgelegten Arbeit zu setzen, da sie den Gehalt von WATT von einem recht speziellen Blickwinkel aus betrachten. "Even if the Threne music is unrelated to the text, it means something: it means boredom and unrelation ... The rest is silence ..." stellt Susan F. Senneff abschließend fest. (S. 149)

---

18 Warhaft, S.: *Threne and Theme in WATT, Wisconsin Studies in Contemporary Literature* 4 (Autumn 1963), S. 261–278.
19 Senneff, S. F.: *Song and Music in Samuel Beckett's WATT, Modern Fiction Studies* 11 (Summer 1964), S. 137–149.

Näher am Thema dieser gnoseologischen Arbeit ist Alvin Greenberg mit seinem Beitrag in *Criticism*[20] (1966), der sich mit dem Tod der Seele befaßt. Unüberwindliche Schwierigkeiten ergeben sich, will man den Charakter des Protagonisten Watt erkennen, stellt Greenberg eingangs fest. Er wirkt mehr "as a thing in motion" als "a sentient being". (S. 1) Watt betritt vollkommen unvorbereitet Mr. Knotts Haus und ist selbst ein Wesen, das kaum Wirklichkeitscharakter besitzt. Die Frage "What is Watt?" ist schon unlösbar, wieviel mehr noch das, was er erlebt. Sicher scheint nur, daß der Abtötungsprozeß ein Weg zum eigenen Selbst ist. Und das ist ein Thema der zeitgenössischen Literatur. Greenberg betreibt ein Stück psychologische Phänomenologie und verweist auf J. J. Buytendijk, wenn er schreibt: "... human reality is equivalent to being conscious and this can be defined only as open to the world, as cast upon the world". (S. 4) In der Psyche, so folgert Greenberg, kann der Mensch nur hypothetisch erfaßt werden. Nur anhand von Beispielen kann hier Phänomenologie getrieben werden. Das bedeutet in Bezug auf WATT:

> ... we may see that the dwindling Watt, into the depths of whose psyche we are permitted few intimate glimpses, is eminently susceptible to analysis through the phenomenological approach: that Watt's own problem, in fact, is given a phenomenological structure. (S. 9)

Greenberg interpretiert WATT als ein Buch, das Erfahrungen übermittelt, sich jedoch nicht darum bemüht, die Erfahrungen mit der Vernunft in Einklang zu bringen. (S. 14) Hierin kann ein Ansatz gesehen werden, die eigenartige Welt des Mr. Knott in ihrer Eigenständigkeit gegenüber anderen Erfahrungsbereichen zu erkennen, was die Arbeit Greenbergs jedoch nicht unternimmt. Der Autor verweist jedoch auf die reine Existenz, das reine Sein späterer Protagonisten Becketts, wie sie in der Trilogie auftreten.

---

20 Greenberg, A.: *The Death of the Psyche: A way to the Self in the Contemporary Novel, Criticism* 8 (Winter 1966), S. 1–18.

Ann M. Trivisonno (1969)[21] sieht bereits in den Namen „Watt" und „Knott" Hinweise auf die erkenntnistheroretische Bedeutung dieses Romans: "Watt in search of the *whatness* of things encounters Knott or *nothingness.*" (S. 29) Nach ihrer Meinung stellt Beckett in diesem Werk seine Vision des existentiellen Dilemmas des modernen Menschen dar und zwar durch die metaphorische Reise von Watt in Mr. Knotts Anwesen. Besonders im Dritten Teil von WATT sieht sie eine Attacke Becketts auf die Sprache und die Vernunft. "By assigning the narrative responsibility to the lunatic Sam, Beckett can relate the quest in an order which is deliberately distorting and confusing". (S. 35) Sie sieht in Watts Reise eine solipsistische Angelegenheit, was so viel heißt: es gibt darin keinen allgemeingültigen Sinn. Beckett dreht sich im Kreis und das künstlerische Ganze erschöpft sich darin, daß es Becketts paradoxe Theorie von Kreativität "through the metaphor of the quest" darstellt.

Ludovic Janvier[22] (1969), der Übersetzer von WATT ins Französische, sieht in WATT einen *Erziehungsroman*. (S. 312) Nach seiner Darstellung macht Watt eine Grenzerfahrung durch. Er ist für ihn, nachdem Murphy am Ende des gleichnamigen Romans umgekommen ist, der erste überlebende Protagonist Becketts. Am Ende des schwierigen Aufenthaltes in Mr. Knotts Haus steht Watt da: «Figure tournée vers l'absence et l'oubli, mais rejetée dans la présence et l'éveil douloureux.» (S. 323)

Die Arbeit von John J. Mood[23] bietet so viele Anknüpfungspunkte für die vorgesehene Interpretation des Romans WATT, daß sie an dieser Stelle nur kurz vorgestellt wird, um dann im Abschnitt C eine ausführliche Auseinandersetzung anschließen zu können, die den eigenen Standpunkt verdeutlicht. J. J. Mood (1971) sieht in Watt eine Auseinandersetzung mit

---

21 Trivisonno, A. M.: *Meaning and Function of the Quest in Beckett's WATT, Critique* (Minneapolis) 12 (1969), S. 28–38.
22 Janvier, L.: *Critique* (Paris) 263 (avril 1969), S. 312–323.
23 Mood, J. J.: *"The Personal System"* – Samuel Beckett's WATT, PMLA (1971), S. 255–265.

dem Existentialismus und Positivismus durch den Versuch, ein eigenes System zu schaffen, das jedoch auch zum Scheitern verurteilt ist: *"Watt* has portrayed the equal failure of rationality to provide an internal system of any validity or use." (S. 264)

Den spielerischen Charakter des Romans untersucht François Martel[24] (1972), indem er die sogenannten Serien oder Konvolute mathematisch analysiert. Damit wird ein wesentlicher Beitrag zur formalen Seite von WATT gegeben, ohne allerdings dem Gehalt dadurch etwas zu entlocken, was evtl. den gnoseologischen Grundzug erhellen könnte, der jenseits der faszinierenden logischen Spiele zu suchen ist.

Eleanor Swanson[25] (1971/72) sieht in WATT vor allem die gebrochene Zeitstruktur. Durch die zu Beginn des Vierten Teils von WATT gegebene neue Anordnung der Kapitel glaubt die Autorin, Beckett würde den Leser vorwärts und rückwärts durch die Zeit führen wollen:

> The time-sequence of the narrative has been reordered, and the reader, like Watt, has been walking backwards and forward through time. Past, present, and future are confused and the logical relationships between them are negated. (S. 268)

Das ist in der Tat ein wesentlicher Gesichtspunkt.

John Chalker[26] (1975) würdigt WATT als ein komplexes satirisches Buch und glaubt, daß es sich dabei um "an exercise in absurdity" handele. (S. 21) Ein Vergleich mit Sterne und Swift verdeutlicht seinen Standpunkt, daß hier ein unkonventioneller Roman von Beckett vorliegt, dessen Hauptinhalt satirisch zu verstehen ist. Im Gegensatz zu anderen Kritikern sieht er in Watt eine sehr menschliche Figur. Auch auf Chalkers Essay werde ich in Abschnitt C noch einmal zurückkommen.

---

24 Martel, F.: *Jeux formels dans ‹WATT›, Poétique* No. 10 (1972), S. 153–175.
25 Swanson, E.: *Samuel Beckett's WATT: A Coming and a Going, Modern Fiction Studies* 17 (1971/72), S. 264–268.
26 Chalker, J.: *The Satiric Shape of WATT,* in Katharine Worth (ed.): *Beckett the Shape Changer* (London 1975), S. 21–37.

Jerry Wasserman[27] vertritt (1977) die Meinung, daß Watt sich eine eigene Welt aus Wörtern aufbaut, in der er sich semantischen Trost holt. Durch seine Untersuchung des Romans werden die glanzvollen formalen Aspekte herausgearbeitet, die dieses komplexe Werk auszeichnen. Zu einem darüber hinausgehenden Inhalt gibt die Arbeit keinen Kommentar.

Mathew Winston[28] (1977) nimmt die erste Fußnote in WATT zum Anlaß, den eigentümlichen Charakter des Buches zu analysieren. Nach den ersten Seiten, die noch von einem traditionellen Erzähler, der allwissend ist, stammen, ändert sich die Erzählperspektive radikal, worauf die erste Fußnote hinweist. Winston sieht in WATT "a fiction which does not imitate the reader's world and therefore is not bound by its rules". (S. 81) Auf die Ansicht dieses Kritikers von WATT, es handele sich bei diesem Roman vor allem um ein komisches Werk, dessen Charakter spielerisch sei und nicht „didaktisch", werde ich in Teil C noch einmal zurückkommen.

In Nummer 4 des *Journal of Beckett Studies*[29] (Spring 1979) hat Thomas J. Cousineau sich über die Sprache Becketts in WATT geäußert. Auch für ihn stellt sich der Roman vorwiegend als Sprachkunstwerk ohne direkte Aussage dar. Die Sprache hat in WATT die Funktion, zu verbieten und zu trösten, sie ist weitgehend Selbstzweck, nicht Mittel zum Zweck. Eine solche Haltung findet man bei sehr vielen Kritikern dem Beckettschen Oeuvre gegenüber.

Damit ist eine erste Übersicht über alle jene Beiträge gegeben, die WATT als Hauptgegenstand haben. Es folgen einige dem Prosawerk Becketts insgesamt gewidmete Veröffentlichungen, die u.a. auch zu WATT Stellung beziehen.

---

27 Wasserman, J.: *Watt's World of Words,* in Harry R. Garvin (ed.): *Twentieth-Century Poetry, Fiction, Theory* (Lewisburgh, Pa. and London 1977), S. 123–138.
28 Winston, M: *WATT'S First Footnote, Journal of Modern Literature* 6, 1 (February 1977), S. 69–82.
29 Cousineau, T. J.: *WATT: Language as Interdiction and Consolation, J. of Beckett Studies* No. 4 (Spring 1979), S. 1–13.

Unterabschnitt II

Das umfangreichste und früheste Werk dieser Gattung ist John Fletchers *The Novels of Samuel Beckett*[30] (1964), WATT ist für ihn in erster Linie eine "strange and enigmatic story", die weniger präzise als *Murphy* ist. (S. 62) Zu Mr. Knotts Haus bemerkt er, es sei als stünde es "nowhere". Watt als Figur ist deutlich mit seinen Vorgängern verbunden, so wie dies für alle folgenden Protagonisten Becketts der Fall ist. J. Fletcher sieht in ihm "a reincarnation of Murphy". (S. 63) Trotzdem bleibt Watt eine "rather shadowy figure" ... "apart from his confused tale to Sam, he speaks only three or four times in the book", stellt Fletcher fest. (S. 63)

> He moreover prefers, like Murphy, to "see in his own dark", and is a "sullen silent sot ... always musing", either talking to himself, or listening to voices which whisper and sing to him continually. (S. 65)

Bemerkenswert ist Fletchers Feststellung, daß "Murphy's retreat is spoken of in semi-visual terms... and Watt's in terms of hearing, of listening to an inner discourse." (S. 66) In vielem, was WATT dem Leser bietet, sieht J. Fletcher eine Mystifikation. Unter diesem Aspekt betrachtet er auch die formale Eigentümlichkeit des Buches. "... most events in the book are narrated at fussy, unnecessary length", meint er und dennoch konstatiert er Becketts "fastidious completeness and extreme precision", die einen sofort beim Lesen von WATT beeindrucken. (S. 72) Er fügt hinzu: "This exhaustiveness frequently has a nightmarish quality about it". Die Stileigentümlichkeiten machen im Übrigen den Humor des Buches aus. Die Abschweifungen erinnern an Sternes *Tristram Shandy*. Anderes, wie z. B. Lücken im Manuskript, auch an Swifts *Tale of a Tub*. Fletcher wendet sich auch dem philosophischen Gehalt von WATT zu, ist aber überzeugt davon, daß Watt die Leere seines Ausgestoßenseins von der Welt erst nach seinem

---

30 Fletcher, J.: *The Novels of Samuel Beckett* (London 1964, Second Edition 1970), S. 59–89.

Aufenthalt in Mr. Knotts Haus erreicht. Mr. Knotts Haus und Anwesen haben ihm die Dingwelt, die Logik und die Bedeutung von Namen zerstört. (S. 78) Auf der anderen Seite glaubt Fletcher, daß "Watt has come to Mr. Knott's house fundamentally for religious reasons ..." (S. 81) "... but the results, on the whole, were meagre ..." (S. 84), weil Watts Kenntnis von Mr. Knott am Ende gleich Null sei. Watt bleibt "the eternal question what?" (S. 86) In einem Anhang zum Watt-Kapitel berichtet Fletcher die von Jacqueline Hoefer vorgetragene Vermutung, das Leiter-Beispiel beziehe sich auf Wittgensteins *Tractatus Logico-Philosophicus.* Samuel Beckett hat ihm gegenüber das Bild der weggezogenen Leiter auf "a Welsh joke" zurückgeführt und 1961 beteuert, er habe Wittgensteins Arbeiten erst in den letzten zwei Jahren gelesen. (S. 87/88) Zu Ruby Cohns Essay über WATT und Kafkas *Schloß* bemerkt er, Beckett habe zwar Kafkas Bücher seinerzeit auf Deutsch gelesen, doch sei WATT gegenüber dem *Schloß* ein viel komischeres Werk. Auch stilistisch sei der Unterschied groß. Schon Ruby Cohn hat auf Kafkas klassische Erzählform hingewiesen. Beckett selbst habe dazu gesagt "it goes on like a steam-roller". (S. 89) J. Fletcher unterstellt jedoch, daß beide Romane, WATT und *Das Schloß,* Mythen darstellen und das bedeutet: "it is we who lend the symbol meaning, from our own hopes and fears." (S. 89)

Raymond Federman[31] (1965) betrachtet Becketts frühe Romane unter dem Gesichtspunkt einer Reise ins Chaos. Er steht in vieler Hinsicht John Fletchers literaturkritischem Standpunkt nahe. Die beiden Autoren haben eine gemeinsame Veröffentlichung über *Samuel Beckett. His Works and His Critics*[32] (1970) vorgelegt.

Eine frühe Arbeit von Melvin J. Friedman[33] (1960) über Becketts Romane befaßt sich u.a. mit WATT. Er sieht das

---

31 Federman, R.: *Journey to Chaos: Samuel Beckett's Early Fiction,* (Berkeley, Los Angeles 1965).
32 Federman, R. und Fletcher, J.: *Samuel Beckett. His Works and His Critics* (Berkeley, Calif. 1970).
33 Friedman, M. J.: *The Novels of Samuel Beckett, Comparative Literature* 12 (Eugene, Oregon, Winter 1960), S. 47–58.

Neue in Zusammenhang mit Joyce und Proust, was zwar verständlich ist, wenn man Beckett in die Entwicklung des psychologischen Romans einzuordnen versucht, was aber am Kern der Sache doch wohl vorbeigeht. Friedman sind einige Irrtümer unterlaufen. So behauptet er, Beckett habe kurz vor einer Eheschließung mit Joyces Tochter gestanden, sei dessen „Sekretär" gewesen und in Bezug auf WATT meint er: "it indicates no 'new directions' in the novel form". (S. 52) Er sieht in diesem Werk nur dies: "WATT carries the plotless novel to new lengths; unfortunately, it seems to be a stopping place ..." (S. 52) Denkt man an die folgenden, französisch geschriebenen Romane Becketts, vor allem an die Trilogie, so kann dieses Urteil gewiß nicht aufrecht erhalten werden.

Olga Bernal[34] (1976) geht in ihrer Darstellung von Becketts eigenen Worten zum Werk seines Malerfreundes Bram van Velde aus. Was er hier über die „Repräsentation" sagte, gelte auch für sein schriftstellerisches Werk, nicht nur für die Malerei. Unsagbares auszudrücken, das sei das Problem Becketts. Die Figuren Becketts sind eigentlich im Rahmen der alten Wörter unrepräsentierbar, sie haben keine Gewalt über sie. Sie stehen damit im „Schatten der Worte" (S. 202)

Ursula Dreysse[35] (1970) hat eine umfangreiche Untersuchung über Aufbaugesetze und Gehalt des Romanwerks von Samuel Beckett vorgelegt, in der sie auch auf den Roman WATT eingeht. (S. 28ff.) Sie sieht in WATT noch Spuren von traditionellen Mustern, im Grunde genommen aber eine progressive Abwandlung der bisherigen Romanform. Die lineare Erzählordnung ist aufgehoben. Ihrer Ansicht nach müßte die Reihenfolge der vier Teile folgendem Schema entsprechen (das Beckett an keiner Stelle seines Romans vorschlägt): 1, 2, 4, 3. Sie begründet das damit, „weil das vierte Kapitel wieder Watt einführt und zeitlich vor dem dritten einzuordnen ist, in dem

---

34 Bernal, O.: *Das Dilemma der Repräsentation* in *Materialien zu Samuel Becketts Romanen,* herausgegeben von Hartmut Engelhardt und Dieter Mettler (Frankfurt a.M. 1976).
35 Dreysse, U.: *Realität als Aufgabe* (Bad Homburg v.d.H., Berlin, Zürich 1970) (Frankfurter Beiträge zur Anglistik und Amerikanistik)

Watt sich bereits in dem, im vierten Kapitel erst als Ziel einer Reise genannten, Asyl befindet". (S. 29) Dieser Interpretation folgt die hier vorliegende Arbeit über den gnoseologischen Grundzug nicht, wie aus den Abschnitten B und C hervorgehen wird. U. Dreysse sieht in Watt eine in Auflösung befindliche menschliche Gestalt. „Watt ist körperlich nicht mehr intakt, er ist physisch grotesk, ein Vorläufer der verkrüppelten und immobilen Helden der französischen Trilogie." (S. 30) Die Kategorie der Handlung wird durch die Situation ersetzt. (S. 31) Der naive Nominalismus Watts ist zum Scheitern verurteilt. U. Dreysse sieht in WATT „erste Anzeichen eines sich im Verlauf des Beckettschen Werks ständig verstärkenden Bewußtseins der Undurchsichtigkeit und Unfaßbarkeit unserer Welt." (S. 32) „Am Ende dieses Prozesses steht Watts sprach- und sinnzerstörende Ausdrucksweise der Inversion ..." (S. 33) Dies alles sind für die Autorin Anzeichen einer allgemeinen Skepsis, eines deutlichen Krisenbewußtseins. Die alptraumhafte Existenz führt allerdings nicht zur Aufgabe der Suche nach Bedeutung bzw. nach einer greifbaren Realität. (S. 34)

Eugene Webb[36] (1970) schließt sich in seinem Buch über Becketts Romane der auch von R. Cohn u.a. vertretenen Ansicht an, daß viel von der Atmosphäre in WATT an Kafkas *Schloß* erinnert. Er geht dann ausführlich auf die Gründe ein, die Beckett veranlaßt haben, seine späteren Romane in französischer Sprache zu schreiben. In WATT sieht er vor allem eine Parodie auf das „Paradiso" in Dantes *Göttlicher Kommödie*. Dennoch ist er davon überzeugt, daß Watt nicht den Tod sucht, sondern verrückt wird. (S. 25) Sein Vergleich von Geulincx und Descartes mit der in WATT geschilderten dualistischen Weltauffassung ist bemerkenswert (S. 26f.), hebt jedoch nicht seine Vorstellung vom Irresein Watts auf. In späteren Abschnitten seines Buchs macht E. Webb deutlich, daß er in Mr. Knott eine Parodie auf Gott sieht: alle die Zahllosen, die (wie Watt) zu Mr. Knotts Haus kommen, verlassen es mit derselben Desillusionierung. (S. 60/61) Insgesamt haben wir

---

36 Webb, E.: *Samuel Beckett. A Study of His Novels* (London 1970).

es bei diesem Roman nach Ansicht des Autors mit einem Übergangswerk zu tun. Nachdem Watt "the traditional fields of human knowledge" durchforscht hat und desillusioniert ist, wandelt er sich gewissermaßen in Becketts nächsten Protagonisten um. (S. 69)

Klaus Birkenhauer[37] (1971), der Becketts Helden als Außenseiter sieht, beschäftigt sich mit WATT auf den S. 70ff. seiner Monografie. Er weist darauf hin, daß Beckett mit WATT begann, seine *eigene* Sprache zu schreiben, also noch ehe er zum Französischen überwechselte. K. Birkenhauer geht dann referierend auf den Inhalt ein; den musikalischen Passagen räumt er einen verhältnismäßig großen Raum ein und lockert die einseitige Deutung des Geschehens als in einem Irrenhaus spielend dahingehend auf, daß er meint, die Handlung könne schließlich auch in einem Internierungslager spielen. Damit bringt er die These von der Heilanstalt kaum ins Wanken, zumal er selbst zu erkennen gibt, daß diese Deutung nicht sehr viel weiter führt.

> Wenn Watt ... geisteskrank ist, oder es erst im Laufe seiner Erzählung wurde, wäre der ganze Roman nichts als ein 300 Seiten langer Irren-Witz, der zu allem Überfluß auch noch von einem ebenfalls kranken Protokollanten niedergeschrieben wurde (S. 77)

Im Dritten Teil sieht er eine verzerrte Spiegelung des Zweiten Teils. Im Ganzen glaubt Birkenhauer in WATT eine „entdeckerische Aufgabe der Sprache" (S. 79) vor sich zu haben.

Horst Breuer[38] (1972) setzt die sprachlichen Absonderlichkeiten in WATT in Parallele zur Ausdrucksweise Schizophrener und findet, daß diese Bizarrerie im Dritten Teil des Romans auf die Spitze getrieben wird (S. 157/158). Er weist anhand von Textstellen aus *Murphy, How It Is* und WATT nach, daß Beckett überdurchschnittliche Kenntnisse der Psychologie hat.

---

37 Birkenhauer, K.: *Beckett* (Reinbek bei Hamburg 1971).
38 Breuer, H.: *Samuel Beckett,* Fink (München 1972).

> Auch wenn die Parallelität von literarischem Werk und experimenteller Psychologie voll und ganz unbewußt wäre, so bliebe Beckett immer noch der Wortführer einer Epoche, deren Geist von den modernen naturwissenschaftlichen und anthropologischen Disziplinen entscheidend mitgeprägt wurde ... Wie bewußt oder unbewußt aber der künstlerische Schaffensprozeß sich bei Beckett vollzieht, ist zweifellos eine eher biografische als literaturwissenschaftliche Frage (S. 43)

Auf eine weitere Einzelheit in H. Breuers Buch wird zurückzukommen sein, wenn über Watts Erlebnis im „Warteraum" des Bahnhofs gesprochen werden muß.

Alfred Alvarez[39] (1973) hält WATT für eine eindeutige Sackgasse. Er bescheinigt dem Werk Abstraktheit und sanfte Verrücktheit. (S. 44) Ein Werk der "midlife-crisis". Er nimmt damit einen Standpunkt ein, der selbst unter denen, die WATT für eine Irrenhausgeschichte halten, als extrem gelten muß.

Rolf Breuer[40] (1976) geht in zwei langen Abschnitten auf WATT ein (S. 9–24 und 62–80). Er weist auf die Schwierigkeiten hin, die dem unvorbereiteten Leser erwachsen, sieht er sich diesem Roman Becketts gegenüber. Beckett nimmt in der Tat keine Rücksicht auf „informatorische Redundanz und die Grenzen des ‚guten Geschmacks'" (S. 63/64) Auf einige Passagen dieses Buches wird in Abschnitt B eingegangen.

James Knowlson und John Pilling[41] (1979), die beiden Herausgeber des *Journal of Beckett Studies,* gehen in ihrem Buch *Frescoes of the Skull* nicht direkt auf WATT ein, weil sie sich mit der späten Prosa Becketts und den späten Stücken befassen, doch ist ihr Buch für das Verständnis von Becketts Prosa insgesamt von so großer Bedeutung, daß an dieser Stelle darauf hingewiesen werden soll. Der Titel dieses Buches ist, wie die Verfasser im Vorwort schreiben, "an adequate description of any one of Beckett's works". (S. XIII) Beckett selbst hat, so berichten sie, seine Art zu schreiben als "onto-speleology", als ‚Seins-Höhlenforschung' gekennzeichnet.

---

39 Alvarez, A.: *Beckett* (London 1973) dt. Ausg. dtv. (München 1975).
40 Breuer, R.: *Die Kunst der Paradoxie,* Fink (München 1976).
41 Knowlson, J., und Pilling, J.: *Frescoes of the Skull,* John Calder (London 1979).

Ein 1980 von Eric P. Levy veröffentlichtes Buch mit dem Titel *Beckett and the Voice of Species*[42], enthält ein Kapitel über WATT. (S. 27–38). Dieses Kapitel handelt von der Erzählstruktur und dem Problem der Subjektivität. E. P. Levy geht zunächst auf zwei intellektuelle Bewegungen ein, von denen man Interpretationshilfe in Bezug auf WATT erhofft hat: Wittgensteins Positivismus und den Strukturalismus der Linguisten. Er ist jedoch davon überzeugt, daß beide Richtungen nur einen beschränkten Beitrag zur Erklärung dieses Romans geben können, während die Hauptfrage der Identität Watts ungelöst bleibt. Der ursprüngliche Erzähler "drops out", Watt verliert seinen Halt in der Außenwelt. Dabei ist er eigentlich auf eine Zeugenschaft angewiesen, um zu existieren. Ohne Zeugen betritt er den Erfahrungsbereich des Nichts. "This is precisely the case as soon as Watt crosses the threshold of Mr. Knott's house." (S. 30) Levy kommt dazu, in Watt keine übliche Person zu sehen: "Watt is reduced to a finite centre around which the experience flows. He is not so much a self as merely the place where experience is registered." (S. 31) Volkommen zu Recht sieht Levy in WATT "a perfect homogeneous flux' (S. 35) und weist damit alle jene Kritiker zurück, die sich über die angeblich zu lockere Struktur von WATT beklagen. Er ist der Meinung: "The novel presents Watt not as an independent character but rather as a mirror image of the narrator behind him". (S. 36) Bemerkenswert ist Levys Ansicht über Becketts Weg als Erzähler: "With each new novel, Beckettian narration expresses more seriously the absence of subjectivity that the experience of Nothing entails". (S. 36)

Überblickt man die Sekundärliteratur zu WATT, dann kann man sagen, die Autoren wenden fast ausschließlich formale Kriterien an und kommen übereinstimmend zu dem Schluß, daß WATT im Irrenhausmilieu spielt. Häufig sehen sie sowohl Watt als auch Sam als "insane" an. Diese Irrenhaustheo-

---

42 Levy, E. P.: *Beckett and the Voice of Species – A Study of the Prose Fiction* (Totowa, N.J. und Dublin 1980).

rie ist in der gewöhnlich vorgebrachten Form nicht akzeptabel. Eine Verlegung in ein Internierungslager, wie K. Birkenhauer es empfiehlt, ist keine überzeugende Lösung. Von großem Interesse sind die Darlegungen zur Erzählperspektive bzw. Erzähltechnik. Alle Autoren betonen den absurden Charakter und die Auflösung der Handlungsstruktur. Die lineare Zeit wird gleich zu Beginn des Ersten Teils verlassen; sie wird im Dritten Teil vollständig in ihr Gegenteil verkehrt. Auch die von E. Swanson vertretene Ansicht, als Mensch sei man wie Watt gezwungen, das Universum als "incongruos and unknowable" zu akzeptieren, um überleben zu können, scheint mir den Kern von WATT nicht offenzulegen.

Die Frage nach einem uns existentiell betreffenden Gehalt von WATT wird auf die bisherige Weise nicht oder doch nicht ernsthaft genug gestellt. Sobald der gewohnte Realitätsbezug aufgehoben ist, was sich an der Unterbrechung bzw. Umkehr des natürlichen Zeitablaufs zeigt, begnügen sich die meisten Autoren mit der Feststellung: hier müsse es sich um die Erzählung eines Irren bzw. um dessen Erlebniswelt handeln. Ansätze für eine Erklärung Watts werden bei verschiedenen Philosophen gesucht. So bei den frühen Arbeiten Wittgensteins zur Logik. Andere vergleichen die Grundproblematik bei Beckett mit Descartes bzw. mit dessen Nachfolger Geulincx, mit Heidegger oder sogar mit Aristoteles. Aber man hat den Eindruck, daß auch die Alten hier keinen Rat wissen.

Mit einer eleganten Wendung entzieht sich R. Breuer der Problematik. Seiner Meinung nach geht es Beckett in WATT weniger um die Darstellung von Realität als um die Möglichkeit, Realität zu erkennen und zu deuten.

> Zweifellos scheitert Beckett bei seinem Versuch, das Scheitern einer Quest nach der Transzendenz, die es nicht gibt, darzustellen. Aber da dieses Scheitern in der Problemstellung vorprogrammiert ist, kommt es von vornherein sowieso nur darauf an, möglichst durchdacht zu scheitern ...[43]

Angesichts der prekären erkenntnistheoretischen Lage bliebe dem Autor offenbar nur, sich wie ein Schizophrener zu ver-

---

43 Breuer, R.: *Die Kunst der Paradoxie* a.a.O., S. 79/80.

halten und „als einzig angemessenes Kunstprinzip die (ganz abstrakte) Ironie".[44]

Nicht nur der Irrenhaus-Theorie soll in dieser Arbeit entgegengetreten werden, sondern auch der Meinung, man könne mit Vergleichen, die man zwischen diesem komplexen Werk und einzelnen philosophischen Systemen anstellt, viel erreichen. Becketts Absicht kann es unmöglich sein, irgend ein philosophisches System literarisch zu kommentieren. Dem existentiellen Erlebnischarakter kann man sich mit solchen Vergleichen kaum nähern, zu seiner „Erklärung" taugen sie alle nicht. Es scheint mir angesichts des Versuchs, einen gnoseologischen Grundzug in Becketts WATT aufzudecken, angemessen, frühzeitig auf diese schwierige Situation hinzuweisen. Es ergibt sich diese Ansicht gerade aus dem Studium der Sekundärliteratur. Erkenntnistheoretische Gesichtspunkte und vor allem hermeneutische Aspekte sind angesichts dieser schwierigen Lage meist vernachlässigt worden. Eine Ausnahme macht hier nur ein skizzenhafter Überblick über Inhalt und Bedeutung von WATT, den Marie Renate Büttner[45] (1978) veröffentlicht hat. Sie betrachtet Becketts Roman vom gleichen anthropologischen Blickwinkel aus, wie er auch dieser Arbeit zugrundeliegt und kommt dementsprechend, wenn auch ohne nähere Begründung, zu verwandten Aussagen. Zahlreiche Gespräche und die gemeinsamen Bemühungen um WATT sind mit ein Grund dafür gewesen, ihr diese Arbeit zu widmen.

4. Die Übersetzungen von WATT ins Französische und ins Deutsche

Auf Probleme, die mit der Übersetzung des englischen Originals zu tun haben, wird nur insoweit eingegangen, als damit Fragen zusammenhängen, die zum Thema dieser Arbeit gehören. Bei meiner heuristischen Untersuchung konnte ich Ge-

---

44 Ebenda.
45 Büttner, M. R.: „*Watt*" *von Samuel Beckett, Die Christengemeinschaft,* Jg. 50, H. 2 (Stuttgart 1978), S. 63–65.

brauch machen von zwei Übersetzungen, die von Beckett mitbetreut worden sind. Die französische Ausgabe von 1969 ist von Ludovic und Agnès Janvier mit Becketts Hilfe übertragen worden. Obwohl nicht alle Kritiker mit dieser Übersetzung zufrieden waren, wie D. Bair berichtet[46], war es doch der Autor selbst. Die etwas spätere Übersetzung ins Deutsche hat Elmar Tophoven in engster Zusammenarbeit mit Beckett erarbeitet. Tophoven hat sich, wie er in der Akademie der Künste in Berlin im Oktober 1973 erklärte[47], bei seiner Übersetzung auf die englische und französische Ausgabe wie auf zwei Originale stützen können. Durch die enge Zusammenarbeit mit Beckett, der die deutsche Sprache gut beherrscht, entstand auf diese Weise ein dritter authentischer Text. In dem genannten Vortrag «En traduisant Beckett», weist Tophoven darauf hin, daß selbstverständlich jede Übersetzung bereits eine Primär-Interpretation ist, auch wenn dieser, im Unterschied zu umfassenderen Deutungsversuchen, enge formale Grenzen gesetzt sind. Ein Beispiel für die Schwierigkeiten, die bei der Übersetzung von WATT ständig vorhanden waren, gibt Tophoven in seinen Ausführungen[48].

Wenn Beckett seine Arbeiten selbst in die jeweilige andere Sprache, in der er gleichermaßen zu schreiben gewöhnt ist, übersetzt, hält er sich sehr genau an das Original, d. h. entweder an den englischen Text wie bei WATT, oder an den französischen, wie etwa bei der Trilogie. Das hängt damit zusammen, daß im schöpferischen Akt des Schreibens Form und Inhalt wie in einer Einheit erscheinen[49]. Abweichungen

---

46 a.a.O., S. 594.
47 Diesen Vortrag findet man unter dem Titel *En traduisant Beckett* in: *Das Werk von Samuel Beckett – Berliner Colloquium* (Frankfurt a.M. 1975) S. 159ff. Tophoven gab damit einen Einblick in Samuel Becketts „Übersetzerschule" und drückte seinen „Dank an den geduldigsten seiner Lehrer" aus (S. 173).
48 a.a.O., S. 167.
49 Auf die Einteilung in Form und Inhalt angesprochen, meinte Beckett (am 12. 4. 1969), daß es im schöpferischen Akt nur eine Einheit gäbe, da sei keine Trennung möglich. (Über alle Gespräche, die der Verf. dieser Arbeit mit Beckett geführt hat, liegen ausführliche Notizen vor, die ggf. von weiteren Gesprächsteilnehmern überprüft und ergänzt worden sind.)

vom Original sind demnach den Sprachen selbst, ihrer Idiomatik, bestimmten Assoziationen, die den Ausdrücken anhängen, auch deren empfindungsmäßigen Unterschieden oder dem Lautwert und Rhythmus der Worte anzulasten und nicht dem Übersetzer. Kompromisse und gewisse Unzulänglichkeiten sind unvermeidlich. Manchmal können solche Differenzen in den Übersetzungen auch Interpretationshilfen für das Verständnis des Originals sein. Sie sind Hinweise auf im Grunde genommen „Unsagbares", das in einem Beckettschen Werk verborgen sein könnte.

Hier kann auf eine erschütternde Aussage hingewiesen werden, die Beckett gemacht hat: „Jedes Wort ist eine Lüge"[50]. In dieser Aussage liegt mehr als nur die allgemeine Feststellung, daß Dichtung (als Fantasieerzeugnis) „Lüge" sei. Es liegt etwas von Becketts „Gewissenhaftigkeit" darin, seiner vielzitierten "meticulousness". Das Ringen um Präzision, um die Reinheit des Wortes und des Ausdrucks, ist charakteristisch für ihn. Wenn jemand wie er, dessen Ausdrucksmittel das Wort ist, so etwas sagt wie „jedes Wort ist eine Lüge", dann muß dem Wort ein (anschauliches) Erlebnis vorausgehen, muß das Bilden des Wortes, die Übersetzung in Sprache, bereits ein Verlust gegenüber der „unaussprechlichen" geistigen Realität sein, aus der heraus es geschaffen wird. Der Akt des Formu-

---

50 Diese Äußerung Becketts fiel im Anschluß an ein Gespräch über das sog. Nichts. Es sei schwierig, meinte er, das Erlebnis auszudrücken. Es spiele sich ganz tief im Inneren ab. Die Worte taugten nicht dazu auszudrücken, was dort, wo es ruhig würde, still, einfach, was da geschehe. Das Schwierige wäre, daß es unmöglich sei, den Sachverhalt richtig auszudrücken, eigentlich müsse man schweigen – und dennoch der Zwang, sprechen zu müssen. Das sei furchtbar: nicht können und dennoch müssen! Das sei eine Zwangslage, diese Inkompatibilität. Auf die Bemerkung, es sei ihm gelungen, durch die Art, wie er die Worte benutze, aneinanderreihe, die Wahrheit auszudrücken, auch wenn die einzelnen Worte nicht exakt seien, antwortete Beckett: „Das wäre der Traum!" (Berlin, 10. 9. 1967).
51 Gesp. am 12. 4. 1969 (Ussy).
Eine ähnliche Stimmung dem *Wort* gegenüber, die der Bezeichnung „Lüge" nahekommt, kennt auch Ionesco. In seinem *Tagebuch* (Journal en miettes) (Neuwied 1968), S. 117, schreibt er: „Das Wort zeigt nicht mehr auf. Das Wort plaudert. Das Wort ist literarisch. Das Wort ist eine Flucht. Das Wort

lierens wird oftmals eine Qual sein. "If it wasn't for the compulsion to speak, I would rather be silent", hat er einmal bekannt[51].

Schreiben ist für Beckett, wie für manchen anderen Schriftsteller, nicht „Vergnügen", es ist Aufgabe, Beruf, Verpflichtung, der er mit größter Gewissenhaftigkeit nachgeht[52]. Für ihn war es nie eine Frage, ob er schreiben solle oder nicht; auch als er keinen Verleger für seine Trilogie fand, setzte er seine Arbeit fort. „Als es mit dem Lehrerberuf schiefgegangen war" (so drückte er sich rückblickend aus), „gab es für mich nur zweierlei: Schreiben oder Nichtstun."[53]

Für Allgemeinplätze hat Beckett nichts übrig, dafür sind seine Liebe zum Detail und seine sorgfältige Arbeitsweise bekannt. Typisch für diese Haltung ist eine komische Replik Clovs aus *Fin de partie*, der Hamm berichten soll, was in der Außenwelt los ist. Ehe er durchs Fernrohr schaut, fragt er: «Y a-t-il des secteurs qui t'intéressent particulièrement. *Un temps.* Ou rien que le tout?»[54] „Bloß alles" ist eben nicht genug!

hindert das Schweigen zu sprechen. Das Wort betäubt ..." Er fügt hinzu: „Das Wort müßte durch das goldene Schweigen gedeckt sein. Aber wir haben leider Inflation."
Eugène Ionesco, der mehrfach zum Ausdruck gebracht hat, daß er Beckett liebt (z. B. in den Gesprächen mit Claude Bonnefoy), wird auch von Beckett geschätzt. Persönlich, so Beckett, treffe er Ionesco zwar nur "by accident", aber er mag dessen Stücke, besonders *Die Stühle* sowie auch Passagen aus *Der König stirbt* (Paris, 27. 5. 1967). Er lobte auch Ionescos Erzählung *Le véritable Bordel,* die er gelesen hatte (22. 2. 1975).

52 Charles Monteith, Direktor des Londoner Verlags Faber and Faber (als solcher ein Nachfolger T. S. Eliots), beschreibt Beckett folgendermaßen: er sei "courteous, punctilious, unfailingly prompt, most scrupulous, most sensitive in his concern with meticulous textual accuracy". (Siehe *Beckett at Sixty, A Festschrift* (London 1967), S. 87.
53 12. 4. 1969 in Ussy. Beckett untertreibt hier, denn seine Lehrtätigkeit in Dublin am Trinity College und an der Ecole Normale Supérieure in Paris war durchaus erfolgreich, wie Augenzeugen berichtet haben, obwohl seine Unterrichtsmethode recht unorthodox war. Beckett hatte eine vielversprechende Karriere als akademischer Lehrer vor sich, als er diesen Beruf Anfang der dreißiger Jahre von sich aus aufgab. (Vg. hierzu D. Bair a.a.O., S. 123).
54 Beckett, S.: *Endspiel-Fin de partie-Endgame* (Frankfurt a.M., 2. Aufl. 1976). S. 103.

Becketts Detailbesessenheit geht dem Leser von WATT gelegentlich auf die Nerven. Ein gut Teil seines Humors basiert auf genaueren Beschreibungen:

> ... if Watt's mouth was open, and his jaw sunk, and his eyes glassy, and his head sunk, and his knees bent, and his back bent, his mind was busy, busy wondering which was best, to shut the door, from which he felt the draught, on the nape, of his neck, and set down his bags, and sit down, or to shut the door, and set down his bags, without sitting down, or to shut the door, and sit down, without setting down his bags ...[55]

So schwierig Übersetzungen seiner Werke sind, seine unermüdliche Sorgfalt und Liebe zum Detail sind letztlich den Übersetzungen zugute gekommen. Nicht nur seine eigenen Übersetzungen sind mustergültig. Er hat durch seine genannten Eigenschaften auch anderen geholfen, die sich der Übersetzung seiner Werke gewidmet haben. Wie E. Tophoven sich auf die englische und französische Ausgabe von WATT stützen konnte, um seine „Primärinterpretation", die deutsche Fassung, zustandezubringen, so kann sich die hier vorgelegte Arbeit auf alle drei von Beckett verantworteten bzw. autorisierten Texte stützen, obwohl die Interpretation sich selbstverständlich auf das englische Original bezieht.

5. Esoterische Qualität, Form als Ver-Dichtung und gnoseologischer Gehalt

Becketts verstorbener Freund A. J. Leventhal spricht im Hinblick auf Becketts Werk von „esoterischer Qualität"[56]. Diese empfinden viele seiner Leser oder Zuschauer, selbst wenn man sehr Unterschiedliches mit diesem Ausdruck verbindet. Es ist nicht leicht zu umreißen, was damit wirklich gemeint sein kann, denn Esoterisches tritt schließlich nicht offen zutage, das wäre ein Widerspruch in sich. Das Wort *esote-*

---

55 Beckett, S.: WATT, John Calder (London 1963), S. 219/220. (alle weiteren Seitenzahlenangaben aus WATT beziehen sich auf diese Ausgabe.)
56 "There is a certain esoteric quality hidden skeletally in Beckett's work", vgl. Fußnote 1.

risch bedeutet nicht nur „geheim", „verborgen" oder gar „verschlüsselt", sondern im Sinne der griechischen Philosophie soviel wie: nur nach vorheriger geistiger Schulung (Einweihung) verstehbar. Nur in diesem Sinne soll das Wort hier gebraucht werden. Nimmt man den von Leventhal gebrauchten Ausdruck *skeletally* bzw. *hidden skeletally* hinzu, der treffend ist, kommt man der Bedeutung dieser Aussage nahe, die ich als Motto über das Einleitungskapitel gesetzt habe: wie durch eine Gerüstkonstruktuion ist Becketts Werk von dieser esoterischen Qualität innerlich gestützt.

Wegen der Verborgenheit dieser inneren „Substanz" ist es leicht, sie zu übersehen. Entsprechende Anhaltspunkte kann man negieren, als bloße Spekulation beiseiteschieben. Wenn man bedenkt, daß nicht selten die Meinung vertreten worden ist, Beckett sei ein „Nihilist", kann man auch verstehen, daß wieder andere ihn für "a-spirituell", d. h. für einen „Rationalisten" halten. Beides ist gleichermaßen ein Irrtum[57]. Becketts

---

57 Zum Nihilisten gehört nicht allein die Leugnung allgemeingültiger Werte und Erkenntnisse (oder sozialer Ordnungen). Ein Nihilist hat sich mit diesem Zustand auch aus Überzeugung abgefunden und deshalb aufgegeben, die Erkenntnis- oder Wahrheitsfrage überhaupt zu stellen. In dieser Beziehung verhält sich der Nihilist so, wie es Du Bois-Reymond für die klassische Naturwissenschaft des 19. Jahrhunderts formuliert hat: „ignoramus, ignorabimus". Beckett hat ein solches „Glaubensbekenntnis" niemals abgelegt. Auch wenn er sich im Gespräch an manchen Fragen desinteressiert zeigt, hält er doch weitergehende Erfahrungen und Erkenntnisse offensichtlich für möglich; seine Figuren beweisen in entsprechenden, schier ausweglosen Situationen eine ungeheure Zähigkeit und stoische Durchhaltekraft. Am 9. 9. 1967 hat er sich in einem Gespräch in Berlin zum „positiven Nichts" bekannt, als er auf eine entsprechende Frage antwortete: „Ja, selbstverständlich". Er stand sogar auf, ging im Zimmer auf und ab und sagte: „Ich kann überhaupt nicht verstehen, wie manche Leute mich einen Nihilisten nennen. Davon ist niemals die Rede. Hamm sagt doch (er zitiert auf deutsch): ‚wo es doch grün ist, jenseits der Berge' – und nach kurzer Pause: ‚wenn es etwas Grünes gibt'." (Wörtlich heißt diese Passage in *Fin de partie* a.a.O., S. 56: «Mais derrière la montagne? Hein? Si c'était encore vert? Hein? ... Tu n'auras peut-être pas besoin d'aller loin.») Bei einer anderen Gelegenheit, am 27. 5. 1967, sagte Beckett, er sehe seine Aufgabe darin, Fragen zu formulieren, "provoking questions". Antworten könne er nicht geben. Es sei das künstlerische Schaffen eine Frage der "sensitivity" und der „Form-Erfindung". Dies stimmt überein mit dem was Alan Schneider von Beckett zitiert: "I take no sides. I am interested in the shape of ideas." (vgl. *Beckett at Sixty*, a.a.O., S. 34).

Werk ist geistig im Sinne von *spirituell,* nicht nur rational (die rationale Ebene wird fortwährend übersprungen, wie in der abstrakten Malerei), und es besteht kein Zweifel, daß er seinen Weg so gewählt hat, wie er ihn für Proust gekennzeichnet hat: "the only possible spiritual development is in the sense of depth."[58]

Wenn manche Zuschauer oder Leser vor allem Negatives erleben, dann liegt das z.T. an ihrer eigenen Passivität. Oder sie verwechseln Pessimismus mit Nihilismus. Beckett ist kein Optimist, er sieht die Dinge wie sie sind. Er legt es weder darauf ab zu unterhalten noch zu belehren. Sich selbst hat er folgendermaßen eingeschätzt: «Je ne suis pas un intellectuel. Je ne suis que sensibilité.»[59]

In den Tiefen der Seele gibt es keine Worte mehr. Das Dilemma besteht darin, die dort gemachten Erfahrungen in Worten auszudrücken. Niklaus Gessner, so berichtet Martin Esslin, soll Beckett einmal gefragt haben, ob seine schriftstellerische Tätigkeit nicht im Widerspruch stünde zu seiner offenkundigen Überzeugung, daß die Sprache keine Sinngehalte übermitteln könne. Er erhielt zur Antwort: «Que voulez-vous, Monsieur? C'est les mots; on n'a rien d'autre.» Esslin schließt daraus: „Becketts gesamtes Schaffen läßt sich als eine Suche nach der Wirklichkeit erklären, die sich hinter den reinen begrifflichen Urteilen verbirgt."[60] In jenen tiefsten Schichten des Bewußt-

---

Einigermaßen erstaunt war ich, als Siegfried Melchinger in einer kurzen Unterhaltung in der Evangel. Akademie Hofgeismar meinte, Beckett sei ein „Rationalist". Daß er das auch ist, bezweifelt niemand; daß er das nur sei, muß entschieden abgelehnt werden.

58 Beckett, S.: *Proust* urspr. Chatto and Windus (London 1931), dann Grove Press (New York o. J.), S. 46f.; dt. bei Peter Schifferli (Zürich 1960) unter dem Titel *Marcel Proust.* Im Originaltext heißt die Stelle vollständig: "For the artist, who does not deal in surfaces, the rejection of friendship is not only reasonable, but a necessity. Because the only possible spiritual development is in the sense of depth. The artistic tendency is not expansive, but a contraction. And art is the apotheosis of solitude."
59 Mitgeteilt von G. d'Aubarède in *En attendant ... Beckett, Nouvelles littéraires,* vom 16. 2. 1961, S. 7.
60 Esslin, M.: *Das Theater des Absurden* (Frankfurt a. M. 1964), S. 80.

seins, aus denen hier geschaffen wird, wo nicht unbedingt schon volle Klarheit herrscht, sondern geheimnisvolles Dunkel[61], wird es ruhig, einfach, „namenlos"[62].

Das Finden von Formen ist ein Teil dieser Ver-Dichtung aus dem Nichts[63]. Verdichtung von Was? (What?) Auch wenn Beckett sich in früheren Jahren einmal zur „reinen" Kunst bekannt hat, als er sich über seinen Freund, den Maler Bram van Velde[64], und dessen ungegenständliche Kunst äußerte, so handelt es sich doch bei Beckett nicht um wertneutrale Kunst. Sein Plädoyer für die abstrakte Malerei besagt nicht viel, denn, wie man längst begriffen hat, ist dieser Kunstrichtung eine „Aussage" nicht fremd. Reduktion bedeutet hier nicht Verlust, sie kann eine Form der Steigerung sein, wenn man auf das Wesentliche achtet.

Der Streit um die Wertfreiheit der Kunst gilt heute allgemein als ausdiskutiert. Jedes niedergeschriebene Wort verändert die

---

61 In *Murphy* beschreibt Beckett drei Zonen des Bewußtseins, die er mit den Worten Licht, Halbdunkel und Dunkel bezeichnet, ohne diese Einteilung mit einer ethischen Wertung zu verbinden. Auf diese drei Zonen des Bewußtseins wird in Abschnitt C dieser Arbeit noch eingegangen. Die hier als Dunkel bezeichnete Zone ist die, in der sich Murphys Geist wie ein Sonnenstäubchen (engl. 'mote') frei bewegen kann und die er als "matrix of surds", als ‚Gebärmutter des Irrationalen' kennzeichnet. (Vgl. *Murphy,* Grove Press, New York, o.J., S. 11.)

62 In Bezug auf den letzten Band seiner Trilogie (*L'Innommable*), der auf Englisch *The Unnamable* und auf Deutsch *Der Namenlose* heißt, hat Beckett auf meine direkte Frage, warum er ihm keinen Namen gegeben hat, geantwortet: ‚Das sei eben so, daß sich ihm beim Schreiben kein Name mehr ergeben habe. Das könne man nicht erklären. Die Identität sei verloren gegangen bei der Konfrontation mit dem Nichts.' (Berlin, 9. 9. 1967) (vgl. auch Anmerkung 50).

63 Shakespeare legt Theseus in *A Midsummer Night's Dream* (Akt V, Szene 1, Zeile 12–17) folgende Aussage in den Mund, die den schöpferischen Schaffensprozeß eines Dichters umreißt:
"The poet's eye, in a fine frenzy rolling,
Doth glance from heaven to earth, from earth to heaven,
And as imagination bodies forth
The forms of things unknown, the poet's pen
Turns them to shapes, and gives to airy nothing
A local habitation and a name."

64 *Bram van Velde,* Samuel Beckett und George Duthuit (1949), published by Calder and Boyars (London 1965). Siehe auch in *Materialien zu Samuel Becketts Romanen* (Frankfurt a. M. 1976), S. 18ff.

Welt, ob der Autor das will oder nicht. Daß es sich bei Beckett nicht um eine „Information" über äußere (z. B. historische) oder seelisch-periphere Ereignisse handelt und noch weniger um gegenwartsbezogene Kunst im Sinne weltanschaulicher Propaganda, geht aus allem bisher Geschilderten bereits hervor. Ein Versuch Bertolt Brechts, *En attendant Godot* sozialkritisch umzupolen, ist bekanntlich gescheitert.

Beckett schreibt aus dem tiefsten Inneren — dennoch kann man seine Schilderungen nicht als subjektiv bezeichnen. Er könnte sonst nicht Schichten im Leser oder Zuschauer erreichen, die von so allgemeiner, existentieller Bedeutung für den Menschen sind. Er erreicht diesen objektiven Eindruck durch die Strenge der Form, durch Sachlichkeit und durch Schonungslosigkeit sich selbst gegenüber. Er ist in Bezug auf diese „Sachlichkeit" ein Purist. Im Verlauf seines Lebens hat er immer strenger Abstand von seiner eigenen, äußeren Erlebniswelt genommen, sich immer mehr auf das Wesentliche beschränkt. Er hat es sich und anderen damit nicht leichter gemacht. Schreiben ist für ihn mehr und mehr ein bewußtes Setzen von Worten gewesen. Tophoven bestätigt das für die Übersetzertätigkeit, die immer schwieriger und langwieriger wurde, je kürzer die Texte Becketts wurden[65]. Ein Zeichen für diese Bemühung um Reinheit und Selbstlosigkeit des Ausdrucks ist Becketts Überwechseln zur französischen Sprache. Der amerikanische Regisseur Herbert Blau hielt Beckett einmal vor, er schriebe vielleicht nur deshalb in der fremden Sprache, weil er gewisse Züge seines Charakters verwischen wolle. Beckett bestätigte dies: ja, es gäbe einiges in ihm, das er nicht möge, das Französische habe da den richtigen ‚Abschwächungseffekt'[66]. Beckett schreibt seit seiner Trilogie nur selten und sozusagen „zur Erholung" in seiner Muttersprache. Esslin bemerkt hierzu:

> Werke wie die Becketts, die den tiefsten Schichten des Bewußtseins entspringen, ... würden ihre Eigenart verlieren, wenn sie auch nur das geringste Anzeichen stilistischer Gewandtheit und sprach-

---

65 Vgl. Tophoven, E.: *En traduisant Beckett,* a.a.O., S. 159.
66 Esslin, M.: *Das Theater des Absurden,* a.a.O., S. 33.

licher Glätte verrieten; sie müssen das qualvolle Ringen mit den Ausdrucksmitteln erahnen lassen.[67]

Das Fehlen jeder Sentimentalität und die Knappheit der Form zeugen davon, daß Beckett sich strengen Prinzipien unterwirft. Alles Überflüssige wird weggelassen. Dem obersten Prinzip, der Reinheit der Form, wird alles untergeordnet. Diese Reinheit ist Ausdruck seiner Wahrhaftigkeit. Ihr entspricht Becketts auf das Wesentliche hinorientierte Lebensführung, seine persönliche Anspruchslosigkeit, Pünktlichkeit, Fairness[68].

Der „Abschwächungseffekt", eine Art „Verschleierung" des Persönlichen (und schliche es sich auch nur über die Eigenart ein, die der Muttersprache eines jeden Menschen anhaftet), hat nichts mit dem zu tun, was „esoterische Qualität" genannt wurde. Im Gegenteil: es scheint, als komme diese Qualität erst durch das Weglassen des Allzupersönlichen voll zur Geltung. Leventhal ist zwar durch die verschiedenen Namensfindungen (Murphy, Watt, Molloy, Malone etc.) im Zusammenhang mit Becketts Unterschrift („Sam") auf die geheimnisvolle Konkordanz von Person und Objekt der Beschreibung gekommen, doch ist dies nur einer unter vielen vorhandenen Hinweisen auf das Geheimnisvolle in Becketts Dichtung.

Kunst bildet nicht das Sichtbare ab, wie Paul Klee wohl als erster gesagt haben soll, sondern sie macht sichtbar. Was Beckett sich bemüht, in Worte zu bringen, ist so heikel, daß der Eindruck durchaus entstehen kann, der Autor mache es seinen Lesern schwer, vielleicht sogar schwerer als nötig. Dem ist nicht so. Beckett hat es als seine Aufgabe bezeichnet, eine Poesie zu schaffen, „die das Nichts durchschritten hat" und die versucht, an neuen Ufern einen neuen Anfang zu setzen. Dabei war es ihm, wie er zum Ausdruck brachte, gleichgültig, wer ihm dorthin folgen wollte[69].

---

67 ebenda
68 Vgl. Anmerkung 52.
69 Im *Spektakulum 6* (Frankfurt a. M. 1963), S. 319, steht als angeblicher Ausspruch Becketts (ohne Herkunftsangabe): „Für mich ist das Theater keine moralische Anstalt im Schillerschen Sinne. Ich will weder belehren noch ver-

Angesichts dieser Lage wäre es oberflächlich, wenn man meinte, das „esoterische Element", das Geheimnisvolle, läge in der Verunsicherung oder willentlichen Irreführung des Lesers, d. h. in der Unterstellung, Beckett wolle Unklarheit schaffen. Das Gegenteil ist der Fall. Schwierigkeiten des Textes sind immer durch den Gegenstand bedingt. Beckett kann den Weg nicht einfacher machen, als er tatsächlich ist. Insofern kann er dem Leser auch nichts „ersparen". Auch keine Längen, keine enervierenden, oft genug „scheinlogischen" Verwirrspiele, keine Serien, Konvolute und Aufzählungen, keine Exzesse.

Mit anderen Worten: Beckett-Texte entsprechen einer inneren Notwendigkeit und sind nicht dazu da, dem Leser die Dinge komplizierter, rätselhafter, „esoterischer" erscheinen zu lassen, als sie wirklich sind. „Esoterik" im Sinne einer willentlichen Verdunkelung des „eigentlich Gemeinten" gibt es bei Beckett nicht. Je schwerer der „Gegenstand" des Interesses zu erkennen ist, desto schärfer muß die Optik sein, d. h. desto klarer muß zunächst „wahr-genommen" und dann in Worte gefaßt werden. Das erste Problem ist die Wahrnehmungsfähigkeit, die Sensibilität, ein zweites, die adäquate Ausdrucksweise zu finden. Das Esoterische liegt in dem, was wahrgenommen werden soll.

Wenn es zutrifft, daß es sich bei WATT um ein lohnendes „Erkenntnisproblem" handelt, muß die Verfolgung der Wegspuren Watts, d. h. sein „Werdegang" im Roman, zu eben jenem verborgenen Sachverhalt führen, den wir esoterisch nennen. Es muß möglich sein, dies aus dem Text heraus zu lesen, zu begreifen. Das Esoterische einer Dichtung kann nicht so geartet sein, daß es sich einem ernsthaften analyti-

bessern noch den Leuten die Langeweile vertreiben. Ich will Poesie in das Drama bringen, eine Poesie, die das Nichts durchschritten hat und in einem neuen Raum einen neuen Anfang findet. Ich denke in neuen Dimensionen, und im Grunde kümmert es mich wenig, wer mir dabei folgen kann. Ich konnte nicht die Antworten geben, die man erhofft hatte. Es gibt keine Patentlösungen." In genau diesem Sinne äußerte sich Beckett dem Verf. gegenüber am 9. 9. 1967 in Berlin.

schen Bemühen entzieht. Wichtiger als die begriffliche Klärung oder „Benennung" einer esoterischen Grundstruktur wird der Erkenntnisprozeß selbst sein, den der Leser nachvollziehen muß. Er ist dem Einweihungsweg vergleichbar, den die Schüler der griechischen Mysterien zu gehen hatten. Denn es kann nicht darum gehen, eine mehr oder weniger plausible psychologische Deutung (irgendeines Sinnes) von WATT zu liefern, noch ein Erlebnis, das dem, der es durch Nachvollzug erwirbt nur etwas bedeutet, durch eine bloße Erklärung zu ersetzen. Keine Interpretation und wäre sie noch so subtil, könnte jemandem ersparen, den Wegen Watts zu folgen. Diese Wege sind esoterische. Der „Schüler" macht Denkbewegungen mit, die ihm einen Seinsbereich eröffnen, den er so noch nicht erfahren hat. Dabei kommt es nicht auf das Ziel an, sondern auf den zu leistenden persönlichen Einsatz.

Lessing beschreibt die hier gemeinte Situation. Wir sollten seine Wahl als die allein menschenwürdige auch für uns akzeptieren[70]:

> Wenn Gott in seiner Rechten alle Wahrheit und in seiner Linken den einzigen immer regen Trieb nach Wahrheit, obschon mit dem Zusatz, mich immer und ewig zu irren, verschlossen hielte und spräche zu mir: „Wähle!" Ich fiele ihm mit Demut in seine Linke und sagte: „Vater, gib! die reine Wahrheit ist ja doch nur für dich allein!"

Mit anderen Worten: Da der Mensch nicht im Besitz der Wahrheit ist, besteht im Streben nach Wahrheitserkenntnis seine eigentliche Aufgabe.

Wenn die Vermutung zutrifft, daß es in WATT einen esoterischen Gehalt gibt und daß der Werdegang Watts sich nur schrittweise innerem Bemühen erschließt, dann ist es gerechtfertigt, den Ausdruck „gnoseologisch" für das abstraktere deutsche Wort „erkenntnistheoretisch" zu gebrauchen. Mein Anliegen ist es, den Roman Becketts seinem inneren Wert nach, d. h. existentiell zu begreifen. Dazu gehört ein lebendiges, erweiterungsfähiges Begriffsvermögen, das sich der ge-

---

70 Lessing Werke, Insel (Frankfurt a. M. 1967), 3. Bd., Schriften II, S. 321, *Eine Duplik*.

schilderten inneren geistig-seelischen Realität eher anzupassen vermag als herkömmliche Methoden der Literaturkritik.

Der ursprüngliche Begriff der *Gnosis,* von dem „gnoseologisch" abzuleiten ist, meint ganz bestimmte Erkenntnisinhalte, auf die noch hingewiesen wird (vgl. Abschnitt C, 5). In Griechenland wurde der Gnosis der Begriff *Pistis* (Glaube) entgegengestellt. Auf die sich daran anschließende religiöse Kontroverse, wie sie das frühe Christentum beherrscht hat, bis hin zu einer heute nicht mehr nachfühlbaren harten Verurteilung der „Gnostiker" als Ketzer kann hier nicht eingegangen werden. Ich sehe jedoch keinen Grund, wegen eines längst vergangenen kirchengeschichtlichen Streits eine negative Einstellung zu dem Begriff „Gnosis" einzunehmen. Die seit Kant übliche strenge Scheidung von Wissen und Glauben (Gnosis und Pistis der Griechen) ist m. E. keine endgültige. Mindestens ist es vorstellbar, daß sich die Grenze zwischen dem, was man wissen kann und glauben muß (oder müßte), durch eine Erweiterung des Erfahrungsbereichs als verschieblich erweist.

Der Ausdruck „gnoseologisch" wurde mir von Beckett empfohlen. In meinem Buch *Absurdes Theater und Bewußtseinswandel*[71], das ihm gewidmet ist, gibt es ein Kapitel mit der Überschrift: *Beckett und die erkenntnistheoretische Grundsituation unserer Zeit.* Beckett hatte das Buch gelesen, als ich ihn am 12. April 1969 in Ussy besuchte, und wir sprachen über die Möglichkeit einer Übersetzung ins Englische. Beckett schlug "gnoseological" oder "epistemological" als mögliche englische Ausdrücke vor, beide Worte werden heute im Englischen synonym benutzt. Der erste Begriff wurde von ihm bevorzugt. Ich habe meine diesbezügliche Frage kurz darauf noch einmal schriftlich wiederholt, um ganz sicher zu gehen, was er gemeint hatte, worauf Beckett mir am 31. Mai 1969 bestätigte: " 'Epistemological' or 'Gnosiological', but I think preferably the latter."[72]

72 Faksimile der Briefstelle:

71 (Berlin 1968).

Becketts Vorschlag war damit auch maßgeblich für die Wahl dieses Wortes bei der Formulierung meines Arbeitsvorhabens. Das Eigenschaftswort „gnoseologisch" dient der näheren Bestimmung des Themas dieser Arbeit, in der es mir auch darum geht, den passenden erkenntnistheoretischen Ansatz für die Welt Becketts zu finden. Ich gehe dabei von der Überlegung aus, daß es sich nicht nur um ein erkenntnis-theoretisches, sondern (im Bereich der Literatur) auch um ein erkenntnispraktisches Unternehmen handelt und zwar im Sinne einer Erweiterung des Erfahrungshorizontes.

Da es sich bei WATT gewiß nicht nur um ein wahnwitzigkomisches Buch mit überwiegend parodistischen Zügen handelt und auch nicht um eine bloße Darstellung des desolaten Zustandes, in dem sich der Mensch in der Verlorenheit unserer Zeit (und zwar nicht nur nach Becketts Ansicht) befindet, mußte ein Ansatz gefunden werden, welcher nicht nur der Philosophie dieses Autors, sondern seiner ganzen Einstellung dem künstlerischen Schaffensprozeß gegenüber entspricht. Erst durch eine diesen Bedingungen entsprechende erkenntniskritische Aufhellung des esoterischen Gehalts scheint es möglich, den Roman WATT einen ihm angemessenen Platz im Kanon des Beckettschen Gesamtwerks zu geben, den das Buch bisher nicht hat.

Wenn es nach allem, was bisher an Problematik zum Ausdruck gebracht worden ist, schwierig sein wird, zum Kern von WATT vorzudringen, dann ist das sozusagen „system-inhärent". Zweifellos werden einige Schichten erst nach und nach abgetragen werden müssen, die sich, auch wenn sie selbstverständlich zur ganzen Frucht gehören, als Schale um den Fruchtkörper legen. Die Abschnitte A und B dienen diesem Herausschälen.

6. Plan des Vorgehens

Abschnitt A behandelt die von Beckett in seinem Roman WATT beschriebenen Ereignisse, d. h. präsentiert den Handlungsablauf im Hinblick auf den gnoseologischen Gehalt des Romans.

Abschnitt B ist der Komposition des Romans gewidmet, wobei bewußt auf vergleichende literaturwissenschaftliche Auseinandersetzungen zugunsten der Bedeutungsanalyse verzichtet wird. Wie der Forschungsbericht gezeigt hat, gibt es eine Reihe bedeutender Arbeiten über WATT, welche die Romanstruktur, die unterschiedlichen Erzählperspektiven usw. betreffen.

Abschnitt C geht auf den gnoseologischen Grundzug ein, wie er sich aus der Textbetrachtung ergibt.

Soweit es zum Verständnis von WATT (als Roman) und Watt (als Figur) erforderlich ist, wird aus anderen Werken Becketts zitiert. Das auf Bedeutung hinzielende Vergleichen wird hierbei Umfang und Grenzen bestimmen. Selbstverständlich kommen andere Beckett-Kenner angemessen zu Wort. Neben den objektivierenden Vergleich tritt einfühlender und nach-denkender Mitvollzug im Sinne des unter Punkt 5 der Einleitung Dargestellten. Nur so kann der gnoseologische Grundzug in WATT aufgedeckt werden; nur so wird das Neue sich zeigen, das Beckett durch seine innere Einstellung zum sogenannten Nichts in diesem Roman zur Darstellung gebracht hat.

> «Je suis Watt, dit Watt. Je suis méconnaissable, en effet.
> Watt? dit Camier. Ce nom ne me dit rien. Je suis peu connu, c'est
> exact, dit Watt, mais je le serai, un jour.»
> Mercier et Camier[73]

Abschnitt A
Die Präsentation des Gehalts im Roman WATT

Trotz der damit verbundenen Verarmung wird im folgenden der Handlungsablauf anhand von Zitaten nachgezeichnet. Dabei wird es sich um eine bewußt akzentuierende Inhaltsangabe handeln, die im Hinblick auf das Thema dieser Arbeit getroffen worden ist. Nur ein Kenner des Buches wird dieses Herausschälen bestimmter Aspekte ohne allzuviel Verlust an Qualität nachvollziehen können, denn im Grunde genommen kommt ein solches Referieren einer Zerstörung des Gesamtkunstwerks gleich. Zwei Gründe veranlassen mich trotz dieser Bedenken, den Gehalt von WATT in dieser Weise zu paraphrasieren: erstens läßt sich zeigen, daß entgegen der Meinung anderer Kritiker ein durchgängiger Handlungsfaden vorhanden ist, obwohl die klassische Erzählstruktur vielfach durchbrochen ist, und zweitens haben sehr viele ausgezeichnete Beckettforscher WATT analysiert, ohne auf jene Besonderheiten zu achten, die, als gnoseologischer Grundzug zusammengefaßt, Gegenstand dieser Untersuchung sind.

Teil I
Einführende Ereignisse und Watts Weg zu Mr. Knotts Haus

WATT beginnt mit einer Rahmensituation, die den Leser in das Thema des ganzen Romans einstimmt. Ein Mr. Hackett, der später nicht mehr auftritt, biegt um die Ecke und erblickt „seine" Bank. Indem wir mit Mr. Hackett um diese Ecke

---

[73] Beckett, S.: *Mercier et Camier* (Paris 1970), S. 166.

biegen, betreten wir den Ort der Handlung. Dieser Mr. Hackett ist ein kleines, buckliges Männchen, das sich mühsam fortbewegt, mit einem Krückstock in der Rechten und sich mit seiner Linken an Gitterstäben voranhangelnd.

Ausführlich erwähnte Einzelheiten um Liebe, Schwangerschaft, Geborenwerden usw. enden in einer Betrachtung des armen Mr. Hackett, der mit einem Jahr von der Leiter fiel (wodurch er bucklig wurde), verlassen von seiner Mutter, die „irgendwo unterwegs" war, während sich sein Vater beim Steineklopfen im Gebirge aufhielt. Nur eine Ziege soll bei dem Kleinen gewesen sein. Das verlassene Kind, der verkrüppelte Mr. Hackett später, das alles ist traurig. Über Hacketts treulose Mutter wird gesagt:

> And what possessed her to slip off like that? said Goff.
> I never asked her, said Mr. Hackett. The pub, or the chapel, or both.
> Poor woman, God forgive her, said Tetty.
> Faith I wouldn't put it past him, said Mr. Hackett. (S. 14)

Das: arme Frau, Gott vergebe ihr, mit dem Zusatz: das würde mich bei ihm wirklich nicht wundern, charakterisiert Becketts sarkastischen Humor.

In diese Situation hinein tritt Watt. Eine Straßenbahn hält, und als sie wieder weggefahren ist, steht er auf der gegenüberliegenden Straßenseite.

Diese Vorgeschichte kann als Rahmenhandlung angesehen werden. Die Gestalt Watts tritt auf S. 14 auf. Auf S. 22 werden dann die anderen Personen verschwinden, weil ihre Funktion beendet ist. Denn auch Watt wird vorgestellt, im Spiegel der Nebenfiguren, die ihn beobachten.

Mr. Hackett und das skurrile Paar, Goff und Tetty Nixon, sind jedoch nicht nur dazu da, Watt zu beobachten und vorher eine bestimmte Lokalität, nämlich die Bank an der Straßenbahnhaltestelle, zu beleben. Was hier abgehandelt worden ist, ist bereits Teil des Grundthemas des ganzen Buches: das Geborenwerden (aufgrund zweifelhafter zwischenmenschlicher Beziehungen) in eine ausgesprochen „bucklige" Welt.

Eine ähnliche *Rahmenhandlung* werden wir wieder gegen Ende des Romans finden, wobei allerdings nicht die gleichen Nebenfiguren auftreten. Wenn Watt zum Schluß zurück auf den Bahnhof kommt, wo er im Warteraum übernachtet, sind es Bahnangestellte und Reisende, die ihn beobachten und die Vorkommnisse kommentieren.

Mr. Hackett vermutet, daß Watt töricht gehandelt habe, als er hier ausgestiegen ist, wo er doch zum Bahnhof wolle. Offenbar habe er auch Angst, Angst, sich mit dem Gewicht einer Entscheidung zu belasten. Watt habe wohl den Gedanken, die Stadt zu verlassen, ebenso schmerzlich empfunden wie den, in ihr zu bleiben, so überließ er die Entscheidung "... the frigid machinery of the time space relation," (S. 19) d. h. dem Zufall, ob er den Zug verpassen würde oder nicht.

Auf dem Kopf trägt Watt einen Hut. Über Staatsangehörigkeit, Familie, Geburtsort, Religion, Beruf, Einkommen, besondere Kennzeichen, weiß Mr. Nixon angeblich nichts, was Mr. Hackett zu der Bemerkung veranlaßt: „Man gibt doch nicht fünf Shilling einem Schatten."

Endlich kommt noch heraus, daß er Watt auf der Straße getroffen hat, mit einem bloßen Fuß, daß er höchstwahrscheinlich ein Akademiker sei und immer nur Milch trinke. Die fünf Shillinge aber schien er sich geliehen zu haben, um für seinen bloßen Fuß einen Schuh zu besorgen. Mr. und Mrs. Nixon ziehen Arm in Arm ab und Mr. Hackett bleibt im Stockfinstern sitzen.

Damit wird Mr. Hackett verlassen, die rahmengebende Einleitung ist zuende und das Interesse wendet sich Watt zu, der offensichtlich inzwischen auf dem Bahnsteig gelandet ist.

Ohne Umschweife wird jetzt Watts Weg beschrieben. Er stößt mit einem Gepäckträger auf dem Bahnsteig zusammen, dessen Milchkanne beinahe umkippt. Watt steht nur wenig mitgenommen wieder auf. Der Gepäckträger flucht: "The devil raise a hump on you." (S. 22) (Soll er krumm und bucklig werden wie Mr. Hackett?)

Watt läßt dies über sich ergehen, will zwar Hut und Taschen wieder auflesen, doch faltet er stattdessen ergeben seine Hände und „lächelt", was allerdings mehr aussieht, als sauge er bloß an seinen Zähnen.

Wir sehen Watt also zu Beginn seiner Reise mit über dem Brustbein gefalteten Händen und einem Lächeln auf den Zügen, das mehr an einen eingefallenen Mund erinnert. Dieser merkwürdige Auftritt Watts wird ausdrücklich als etwas Gewöhnliches bezeichnet: "But there were connoisseurs on whom the exceptional quality of Watt was not lost ..." (S. 23)

Watt nimmt seine Taschen schließlich auf und steigt in den Zug. Er setzt sich mit dem Rücken zur Fahrtrichtung: "Already Watt preferred to have his back to his destination." (S. 25) Er will also lieber nicht sehen, was kommt, wohin die Reise geht.

Es folgt eine Begegnung mit dem Herausgeber einer katholischen Monatszeitschrift, einem Mr. Spiro, der ihm gegenüber sitzt (d. h. der in die Fahrtrichtung schaut!). Der erzählt ihm alle möglichen Spitzfindigkeiten und meint: "We keep our tonsure above water." (S. 25)

Watt hält sich bereit, den Zug in dem Moment zu verlassen, in dem er hält, denn auf jener Strecke war so wenig Verkehr, daß der Zug kaum anhielt und schon wieder abfuhr, und es wird nicht einmal ausdrücklich bemerkt, daß er ihn verließ. Während Mr. Spiro mit seinen Problemen allein durch die Nacht weiterfliegt, kämpft sich Watt geradewegs zu Fuß weiter durch die Dunkelheit, die jetzt allerdings von einem ekelerregenden gelben Mond erleuchtet wird. Watts Gangart wird als „rasendes Schneckentempo" bezeichnet. Er wirft sich dabei von einer Seite zur anderen, steifbeinig (mit ungebeugten Knien!). Seine Füße fielen dabei platt auf die Erde "... and left it for the air's uncharted ways, with manifest repugnancy." (S. 29) Eine bemerkenswerte Gangart.

Eine Schwäche überwältigt ihn, und Watt setzt sich vorübergehend auf einem Seitenpfad nieder, den Hut im Nacken und seine Taschen neben sich, und seine Knie hochgezogen, und seine Arme auf seinen Knien, und seinen Kopf auf seinen Armen, eine Art „Belaqua Haltung": "The parts of the body are really very friendly at such times." (S. 31) Doch bald streckt er sich aus und lauscht den Nachtgeräuschen, halb auf der Straße, halb auf dem Seitenpfad an der Grabenböschung.

> ... he rolled himself over into the ditch, and lay there, on his face, half buried in the wild long grass, the foxgloves, the hyssop, the pretty nettles, the high pounting hemlock, and other ditch weeds and flowers. (S. 32)

Jetzt hört Watt einen „gemischten Chor", einen grotesken „Engelschor"[74]: "And it was to him lying thus that there came, with great distinctness from afar, from without, yes, really it seemed from without, the voices, indifferent in quality, of a mixed choir" (S. 32)

Wenn es zunächst hieß, daß Watt zwei Dinge nicht ausstehen konnte, den Mond und die Sonne, dann sind es jetzt „die Erde" und „der Himmel". Watt "... resumed his journey, with less difficulty than he had feared ..." (S. 34), denn er ließ seine Schwäche zusammen mit seiner Abendmahlzeit (aus Ziegenmilch und halbgarem Schellfisch) im Graben zurück.

> ... it was with confidence that he now advanced, in the middle of the road, with confidence and with awe also, for the chimneys of Mr. Knott's house were visible at last, in the light, of the moon. (S. 34)

Nachdem Watt im Graben gelegen hatte, sieht er „endlich" Mr. Knotts Haus, das im Dunkeln daliegt. Watt findet die Vordertür verschlossen, geht zur Hintertür, auch diese ist zunächst zu. Er umkreist das Haus und nachdem vorn immer noch zu ist, steht plötzlich die Hintertür doch offen, aufgeklinkt, so daß er ins Haus gelangt. Aber er weiß nicht wie. Watt war überrascht.

> Two explanations of this occurred to him. The first was this, that his science of the locked door, so seldom at fault, had been so on this occasion, and that the back door, when he had found it locked, had not been locked, but open. (S. 35)

---

74 Vgl. hierzu Senneff, S. F.: *Song and Music in Samuel Beckett's WATT*, (Lafayette, Ind. 1964), S. 137–149, und Warhaft, S.: *Threne and Theme in WATT* (Wisconsin 1963), S. 261–278. Trotz der Bedeutung, die diesem Klagelied von den beiden Autoren zugemessen wird, sind Noten und Text nur in der Originalausgabe abgedruckt. Beckett begnügt sich in der deutschen und in der französischen Fassung mit dem Hinweis auf diesen gemischten Chor, einschließlich einer auch im Original vorhandenen Fußnote: "What, it may be enquired, was the music of this threne? What, at least, it may be demanded, did the soprano sing?" (WATT, S. 32).

Die zweite Möglichkeit war, daß jemand sie von innen oder außen geöffnet hatte, "... while he Watt had been employed in going, to and fro ..." Die letzte Erklärung glaubt Watt bevorzugen zu müssen, — "as being the more beautiful". (S. 35) Es bleibt jedoch dabei, daß Watt nicht wirklich weiß, wie er in Mr. Knotts Haus gelangte, wie er die Schwelle überschreiten konnte.

Kaum hatte Watt jedoch Mr. Knotts Schwelle überschritten, als er sah, daß das Haus nicht so dunkel war, wie er zuerst angenommen hatte. Watt setzt sich in der Küche neben das Licht und sieht, wie auf dem Herdrost die Asche ergraut. Als er den Hut abnimmt, sieht man auf seinem Schädel rotgraue Haarbüschel. Er legt seine Taschen ab, da er sein Ziel erreicht hat. (S. 35/36)

Watt beschäftigt sich damit, mit seinem Hut die Lampe zu bedecken und wieder frei zu geben, um das erlöschende Herdfeuer erröten, ergrauen und wieder erröten zu sehen, so daß er weder sah noch hörte, wie die Tür sich öffnete und ein Herr hereinkam. Es ist Arsene, der scheidende Diener Mr. Knotts, der Watt im Folgenden eine „Erklärung" gibt, die ihn über das orientieren soll, was ihn in Mr. Knotts Haus erwartet.

Arsenes „Erklärung"

Zunächst schildert Arsene, wie jeder, der hier eintritt, bestimmte Lebenswege gegangen ist: "For one is come to stay. Haw! All the old ways led to this, all the old windings ..." (S. 38) Daran schließt sich ein Vorblick für Watt an, auf das, was diesem hier in Mr. Knotts Haus bevorsteht.

Die Veränderung, die mit dem Eintritt in Mr. Knotts Haus verbunden ist, ist radikal, als sei man in ein fremdes Land versetzt worden. Es hat nicht bloß eine stufenweise Veränderung stattgefunden: "What was changed was existence off the ladder". (S. 42) Aber welcher Realität, wenn überhaupt einer, entsprach diese plötzliche, nicht-graduelle, radikale Veränderung?

Es wird ausdrücklich gesagt, daß jeder in diese Lage kommt: "For in truth the same things happen to us all ... if only we chose to know it." (S. 44) Nach einer Erinnerung an den Ablauf der Zeit und den Tod, wird das *Erdenleben* pauschal als "An ordure, from beginning to end ..." (S. 44) bezeichnet.

Dies geschieht in Form einer ersten „Serie" oder Aufzählung

> Not a word, not a deed, not a thought, not a need ...
> And the poor old lousy old earth, my earth and my father's and my mother's and my father's father's ...
> ... the whole bloody business starting all over again. A turd. And if I could begin it all over again, knowing what I know now, the result would be the same ...
> ... And if I could begin it all over again a hundred times, knowing each time a little more than the time before, the result would always be the same, and the hundredth life as the first, and the hundred lives as one. (S. 45/46)

Auf diese Weise werden die Generationen, dann die Jahreszeiten durchgenommen, die ganze miese Geschichte. Ein Scheißdreck. Der Blick auf das Leben zeigt dies als „Jammertal".

Arsenes Lachen, ein Lachen, das genau genommen einem Indianergeheul ähnelt, ist dreifacher Art: es ist bitter, falsch und freudlos. Diese Arten zu Lachen entsprechen aufeinanderfolgenden Hautabschürfungen des Verstandes, "excoriations of the understanding ..." (S. 46)

Die Aussicht, Mr. Knotts Hauswesen nun verlassen zu müssen, macht Arsene todtraurig. Er sieht voraus, daß er in das gleiche Elend zurückkehrt, in dem zu sein so traurig ist, daß nur der Gedanke an den Tod (einen Hünenstein) bleibt. "... the feeling of sorrow, sorrow for what has been, is and is to come ..." (S. 48) Arsene wird Watt an seinem Platz zurücklassen:

> ... with before you all I have behind me, and all I have before me –
> ... for the coming is in the shadow of the going and the going is in the shadow of the coming ... (S. 56)

Arsene geht, zuvor aber ging Walter, als Erskine kam. Die Reihenfolge hängt mit den Regeln des Hauses zusammen, daß immer zwei Diener gleichzeitig im Hause Mr. Knotts dienen. Wenn der eine in das Obergeschoß aufsteigt, kann der bisher oben Dienende gehen, während der Neue im Untergeschoß seinen Dienst antritt. Dieses Spiel ist ein "Come and Go" nach fester Regel, insofern erinnert es an das gleichnamige Stück Becketts. "And yet there is one who neither comes nor goes, I refer I need hardly say to my late employer ..." (S. 56) Diejenigen, die kommen und gehen, "... nest a little while in his branches" (p. 56), denn Arsene vergleicht Mr. Knott hier mit einem Baum. Dieses Motiv kehrt in Teil III von WATT wieder.

Was ist das Ziel des Kommens und Gehens? Was der Sinn des Hierseins? Arsene sagt:

> And though in purposelessness I may seem now to go, yet I do not, any more than in purposelessness then I came, for I go now with my purpose as with it then I came, the only difference being this, that then it was living and now it is dead ... (S. 57)

Mr. Knott ist von lauter unvollkommenen Dienern umgeben, von kleinen, fetten, schäbigen, mickrigen usw. oder von großen, knochigen, mickrigen, schäbigen, hageren usw. Kerlen. Ihre Reihe ist unendlich, sie verliert sich in der Zeit.

> ... until all trace is lost, owing to the shortness of human memory, one always ousting the other, though perhaps ousting is not the word ... (S. 59)
> And I think I have said enough to light that fire in your mind that shall never be snuffed, or only with the utmost difficulty ... (S. 61)

Arsene stellt schließlich fest: "Not that I have told you all I know, for I have not ..." (S. 61) Alle Aussagen dieser Art sind letztlich zum Scheitern verurteilt:

> ... because what we know partakes in no small measure of the nature of what has so happily been called the unutterable or ineffable, so that any attempt to utter or eff it is doomed to fail, doomed, doomed to fail. (S. 61)

Den Rest der Reise müsse Watt allein machen, nur zunächst an der Seite Erskines, der in die obere Etage aufgestiegen ist.

Allein
> ... or with only shades to keep you company, and that I think you will find, if your experience at all resembles mine, the best part of the outing ... (S. 62)

Für alles was er gesagt hat, bittet Arsene schließlich um Verzeihung "... with forgiveness, as you desire to be thought of ...". (S. 62)

Am Ende dieses Ersten Teils von WATT steht Arsene auf der Schwelle, seinen Blick auf Watt gerichtet und verschwindet, "... by a firm hurried hand, wiped away." (S. 63) Watt sieht den Tag grauen. Das Licht würde kommen, nach und nach, ob es ihm paßte oder nicht, "... all the unspoiled light of the new day, of the new day at last, the day without precedent at last." (S. 63)

Teil II
Watts Erlebnisse im Erdgeschoß von Mr. Knotts Haus

Mr. Knott war ein guter Herr, wenn man will, sagt sich Watt. Diese Bemerkung leitet den Erlebnisbericht Watts über seinen Aufenthalt im Untergeschoß des Hauses von Mr. Knott ein. Dabei fällt auf, daß Mr. Knott hier eindeutig als „Herr" apostrophiert wird. Im englischen Text heißt es "master", nicht etwa "mister", im französischen «maître». Der Umgang mit Mr. Knott hat immer etwas Distanziertes an sich. Es herrscht eine streng hierarchische Ordnung. Selbst der Unrat, der im ersten Stock entsteht, wird nicht dort ausgeleert, er wird von Erskine heruntergebracht und von Watt im Garten zur Düngung ausgebreitet. Watt meint, daß dies vielleicht nicht der wahre Grund ist, sondern nur der dem Verstand angebotene. (S. 65) (Offenbar gibt es Gründe für die Anweisungen Mr. Knotts, die dem Verstande nicht zugänglich sind!)

Mr. Knott verläßt nie sein Grundstück, soweit Watt das beurteilen kann. Watt hält es für unmöglich, daß dies ohne sein Wissen geschehen kann. Ein einziges Mal wird die Schwelle von Fremden überschritten, als nämlich die Galls, Vater und Sohn, kommen, um das Klavier zu stimmen. Vater Gall ist blind (wie viele seiner Berufskollegen), so daß der Sohn ihn am Arm führen muß. Zwischen beiden, so wird ausdrücklich gesagt, gibt es keinerlei Familienähnlichkeit.

> How very fortunate for Mr. Gall, said Watt, that he has his son at his command, whose manner is all devotion ... (S.67/68)

Merkwürdigerweise stimmt dann doch der Jüngere das Klavier, allerdings haben Mäuse es total zerstört.

> The piano is doomed, in my opinion, said the younger.
> The piano-tuner also, said the elder.
> The pianist also, said the younger (S. 69)

Es stellt sich heraus, daß dies einerseits „vielleicht der Hauptzwischenfall" während Watts Anfangszeit in Mr. Knotts Haus war, andererseits sich dieser Zwischenfall in ähnlicher Art auch wiederholte, bzw. sich fortsetzte in Watts Vorstellungen. Es vollzieht sich anhand solcher Ereignisse ein *Bedeutungswandel,* insofern, als sie nur Anlaß zur Reflexion bieten, bloß Beispiel für etwas sind.

> This fragility of the outer meaning had a bad effect on Watt, for it caused him to seek for another, for some meaning of what had passed, in the image of how it had passed. (S. 70)

Dies gibt Anlaß, nicht nur darüber zu reflektieren, was geschieht, sondern auch *wie* es geschieht, weil ein Bild niemals nur Bild ist, sondern Bezug hat zu etwas anderem.

Auf den Besuch der Galls folgten weitere Zwischenfälle: "... of great formal brilliance and indeterminable purport." (S. 71)

Bevor in der Schilderung fortgefahren wird, wird deutlich, daß es sich hier um ein Problem der Darstellung dessen handelt, was Watt erlebt.

> Watt could not accept them for what they perhaps were, the simple games that time plays with space ... but was obliged, because of his peculiar character, to enquire into what they ment ... into what they might be induced to mean, with the help of a little patience, a little ingenuity. (S. 71/72)

Eine Schwierigkeit besteht darin, daß der, der die Mitteilungen Watts aufgeschrieben hat, sie erst dann erfahren hatte, als sie schon eine Zeitlang Vergangenheit waren – sowie die

Unzulänglichkeit, Watt nicht deutlich zu verstehen (wegen der Schnelligkeit seines Redeflusses und der Absonderlichkeit seiner Syntax).

Watt mußte lernen, mit diesen (als „Zwischenfälle" charakterisierten) Erscheinungen zu leben. „Erscheinungen" ist gewiß ein treffender Ausdruck, denn auch Mr. Knotts gelegentliches Auftauchen (auf seinem Weg aus dem ersten Stock in den Garten) wird als „Erscheinungen" gekennzeichnet, englisch: "appearances", französisch: «apparitions». Da es sich um Ereignisse handelt, die flüchtig sind, die zudem Bildcharakter tragen, mußte Watt diese Art von Beobachtungen erst nach und nach zu begreifen versuchen.

Der Zustand, in dem Watt sich jetzt befindet, spottet jeder Beschreibung wie keiner von all den Zuständen, in denen Watt sich je befunden hatte. Er erinnert sich deshalb an das, was Arsene ihm bei seinem Scheiden gesagt hat. Er wünscht sich Auskunft, die Erskine, der andere Diener, ihm nicht geben kann, Auskunft über die „Existenzbedingungen", in denen dieser sich befindet.

Die Gegenstände um ihn sind nicht einfach zu benennen. Ein Topf ist nicht einfach ein Topf, auch wenn er ihm ähnelt.

> It was vain that is answered, with unexceptionable adequacy, all the purpose, and performed all the offices, of a pot, it was not a pot. And it was just this hairbreadth departure from the nature of a true pot that so excruciated Watt. (S. 78)

Watt hat eigentlich lieber mit Dingen zu tun, deren Namen er nicht kennt, aber auch darunter leidet er. Sein Bedürfnis zu benennen, was er sieht, ist groß.

> And Watt's need of semantic succour was at times so great that he would set to trying names on things... (S. 79/80)

Es gab auch Zeiten, in denen sich Genugtuung einstellte, Genugtuung über die Verlassenheit. Wohl auch darüber, daß ihn die letzten „Ratten" verlassen hatten. Über die mögliche Bedeutung des Rattensymbols wird in Teil C noch Auskunft gegeben.

In den ersten Wochen seines Aufenthaltes waren Watt die Worte noch nicht ausgegangen: "Watt's words had not yet

begun to fail him, or Watt's world to become unspeakable."
(S. 82) Watt scheint sich seiner vorherigen Umgebung, ehe er
in Mr. Knotts Haus kam, innerlich immer mehr zu entfremden. Schließlich braucht er auch Erskines Fragen nicht mehr,
braucht keine Bestätigung durch seine Stimme.

> But he would have appreciated it more if it had come earlier, before he had grown used to his loss of species. (S. 82)
>
> Watt's attention was extreme, in the beginning, to all that went on about him. (S. 82)

Offenbar versucht er, sich in seiner neuen Umgebung zurechtzufinden:

> This constant tension of some of his most noble faculties tired Watt greatly. And the results, on the whole, were meagre. (S.83)

Der Hinweis auf die Sinneswahrnehmung in diesem für Watt neuen Bereich ist bemerkenswert. Auch hierauf wird in Teil C dieser Arbeit eingegangen.

Die Zeit der Eingewöhnung in Mr. Knotts Hauswesen und in dessen Gesetzmäßigkeit ist für Watt nun beendet, und die Geschichte wendet sich Mr. Knott und dessen Lebensgewohnheiten zu, wobei es zu grotesken Schilderungen über dessen Nahrung, seine Eßgewohnheiten und die Beseitigung der Essensreste kommt. Dies sind Abschnitte von erheblicher Komik. Zunächst ist die Nahrung Mr. Knotts ein irrsinniges Gemisch aller möglichen Speisen und Ingredienzien, einschließlich einiger Arzneimittel. Alles das wird innig vermischt in dem berühmten Topf und vier Stunden lang gekocht, bis die Konsistenz von Maische oder Mus erreicht ist. All die guten Sachen zum Essen, zum Trinken und für die Gesundheit werden so unwiederbringlich vermengt, daß eine neue gute Sache entsteht, von der schon ein Löffel voll den Appetit gleichzeitig anregt und verdirbt.

Watt muß alle Zutaten genau wiegen, messen und zählen, vermischen und kochen. Diese Aufgabe beansprucht Watts Kräfte, die seines Geistes und die seines Körpers, bis hin zu „Tränen geistiger Erschöpfung", die auch noch in den Topf hineinfallen. Dieser Brei wird für volle vierzehn Mahlzeiten, sieben Mittags- und sieben Abendmahlzeiten, zubereitet. Mr. Knott erhält sie jeweils kalt, in einem Napf, pünktlich um zwölf und um sieben Uhr serviert. Watt hat den Napf ins Speisezimmer zu stellen und ihn nach einer Stunde wieder abzuholen. Wenn der Napf noch Nahrung enthält, wird er zum Trog des Hundes getragen, wenn er aber leer ist, wäscht ihn Watt ab. Man hörte Mr. Knott nie über seine Nahrung klagen, obgleich er sie nicht immer aß.

Watts Neugier auf Erskines Aufgabenkreis

Nachts klingelt manchmal Mr. Knott. Die Klingel ist in Erskines Zimmer angebracht. So hat er auch des Nachts keine Ruhe. Watt fragt sich, ob Erskine von Sinnen sei, ob er selbst vielleicht ein wenig aus dem Lot wäre.

> And Mr. Knott himself, was he quite right in his head? Were they not all three perhaps a little off the hooks? (S. 120)

Wer klingelt, bleibt unklar, vielleicht klingelt Erskine selbst? Watt beschließt zu guter Letzt, Erskines Zimmer zu besichtigen (das im zweiten Stock liegt). Aber dessen Zimmer ist immer verschlossen.

> The lock was of a kind that Watt could not pick. Watt could pick simple locks, but he could not pick obscure locks ...
> Then Watt said, Obscure keys may open simple locks, but simple keys obscure locks never. But Watt had hardly said this when he regretted having done so. But then it was too late, the words were said and could never be forgotten, never undone. But a little later he regretted them less. And a little later he did not regret them all. (S. 122)

Es bleibt ihm jedoch die Unsicherheit, er weiß nicht, was er von den Worten halten soll, die laut geworden sind. Es folgt die Feststellung, daß alles, was zu berichten ist, von Watt selbst stammt.

> For all that I know on the subject of Mr. Knott, and of all that touched Mr. Knott, and on the subject of Watt, and of all that touched Watt, came from Watt, and from Watt alone. (S. 123)

> But apart from this, it is difficult for a man like Watt to tell a long story like Watt's without leaving out some things, and foisting in others. (S. 124)

Der Berichterstatter, der sich hier plötzlich zu erkennen gibt, beteuert, daß er sich die größte Mühe gibt, alles sofort zu notieren, um es richtig wiederzugeben.

Watt will noch immer erfahren, was in Erskines Zimmer vorgeht. Um einzudringen, müßte „Watt ein anderer Mensch" werden — oder Erskines Zimmer ein anderes Zimmer. Es ändert sich jedoch nichts und trotzdem gelangt Watt in Erskines Zimmer: durch eine List. Diese List besteht darin, daß er beginnt, rückwärts zu denken bzw. zu sprechen, die Dinge sozusagen auf den Kopf zu stellen. Diese „List" begegnet uns im folgenden Teil III des Romans ausführlich wieder. Wenn man bedenkt, daß Watt hier in Erskines Reich erstmals eindringt, so ist das eine Vorausnahme seines eigenen späteren Seinsbereichs.

Watt findet zwar in Erskines Zimmer die vermutete Klingel, aber diese ist kaputt.

Ein bemerkenswertes Gemälde hängt an der Wand. Dieses wird genau beschrieben. Es zeigt eine schwarze Kreislinie, die am unteren Pol (dem Nadir) unterbrochen ist. Rechts innerhalb des Kreises ein blauer Fleck oder Punkt.

> By what means the illusion of movement in space, and it almost seemed in time, was given, Watt could not say. But it was given. (S. 127)

Watt fragte sich, was der Künstler habe darstellen wollen:

> ... at the thought that it was perhaps this, a circle and a centre not its centre in search of a centre and its circle respectively, in boundless space, in endless time, then Watt's eyes filled with tears ... (S. 127) It is by the nadir that we come, said Watt, and it is by the nadir that we go, whatever that means. (S. 128)

Man kommt und geht also durch den Fußpunkt in Mr. Knotts Anwesen.

Nach langwierigen Überlegungen kommt Watt zu dem Schluß, daß das Gemälde integrierender Bestandteil von Mr. Knotts Hauswesen sein müsse. Er bemerkt auch, daß in Mr.

Knotts Hauswesen nichts hinzugefügt und nichts entnommen werden konnte, alles war wie am Anfang und blieb immerdar, bloß das äußere Gesicht wandelte sich. Es herrschte Gegenwärtigkeit zu aller Zeit.

> ... nothing changed, in Mr. Knott's establishment, because nothing remained, and nothing came or went, because all was a coming and a going ...
> Watt seemed highly pleased with this tenth-rate xenium. Spoken as he spoke it, back to front, it had a certain air, it is true. (S. 130)

Watts Zeit im Untergeschoß des Hauses geht zu Ende.

> As it turned out, Watt was never to know how long he spent in Mr. Knott's house, how long on the ground-floor, how long on the first-floor, how long altogether. All he could say was that it seemed a long time. (S. 134)

Das Zeitbewußtsein ist Watt geschwunden. Mr. Knott hat er bisher kaum zu Gesicht bekommen.

> Sometimes in the vestibule Watt would catch a glimpse of Mr. Knott, or in the garden ... (S. 144)

> Watt did not know whether he was glad or sorry that he did not see Mr. Knott more often ... Yes, indeed, in so far as he wished, in so far as he feared, to see Mr. Knott face to face, his wish made him sorry, his fear glad, that he saw him so seldom ... (S. 145)

Nach und nach verlieren sich Hoffnung und Furcht, es wächst Watts Interesse für den Geist Mr. Knotts und sein Interesse für das, was man gewöhnlich unter dem Körper versteht, nimmt ab. Es kommt auch hinzu, daß die Gestalt, die Watt als Mr. Knott wahrnimmt, sich wandelt, es ist selten dieselbe Gestalt, die er wahrnimmt.

Watt ist jetzt des Erdgeschosses müde.

> What had he learnt? Nothing.
> What did he know of Mr. Knott? Nothing.
> Of his anxiety to improve, of his anxiety to understand, of his anxiety to get well, what remained? Nothing.
> But was not that something? (S. 147)

Diese Bemerkung zum sogenannten Nichts erinnert an ein Wort Demokrits, das Beckett in *Malone Dies* (S. 193) anführt: "Nothing is more real than nothing". Man kann diese Aussage, die zunächst wie eine bloße Behauptung klingt, als einen Schlüssel zu Becketts Werk ansehen. Diese Meinung vertritt auch W. Seaver (1976)[75]

Den Ausklang des Zweiten Teils bildet eine lyrische Schilderung des Tages, an dem Watt morgens aufsteht und bemerkt, das Erskine gegangen ist. Als er in die Küche kommt sitzt dort der Neue. Der sagt, sein Name sei Arthur. Äußerlich gleicht er Arsene und Erskine.

Teil III

Watts Erlebnisse im „Obergeschoß" — Watt und Sam

Die Hauptgedanken dieses III. Teils von WATT sind noch schwieriger zu reflektieren als die vorangegangenen. Vermutlich wird jeder, der bis hierher gekommen ist, erwarten, Watt nun im ersten Stock des Hauses von Mr. Knott wiederzufinden, an Erskines Stelle. Inhalt und Charakter der Schilderungen scheinen dem zunächst zu widersprechen.

Teil III beginnt mit den Worten: "It was about this time that Watt was transferred to another pavilion, leaving me behind in the old pavilion." (S. 149) Dieser Beginn und manches im Folgenden haben den Verdacht hervorgerufen, Watt sei ein Irrer in einem Irrenhaus. Tatsächlich spricht manches für diese Version. Nicht nur, daß psychiatrische Anstalten häufig aus Einzelhäusern bestehen und diese häufig „Pavillons" genannt werden, Äußerungen wie diese: "... looking about me, like a mad creature" (S. 156) und: "continuing my inspection, like one deprived of his senses ..." (S. 157) unterstreichen diesen Verdacht.

Es fragt sich, ob solche Äußerlichkeiten ausreichen, die ganze Geschichte als in einer Irrenanstalt spielend zu bezeichnen[76]. Auch wenn die Handlung den Eindruck macht, es sei alles ein Irrsinn, die Fantasie überschlage sich, kann das

---

75 Seaver, W.: *I can't go on. I'll go on,* Grove (New York, N.Y. 1976).
76 Viele Kritiker sind dieser Meinung. A. Alvarez glaubt auch „Anzeichen von Psychose" zu bemerken, die dem Werk seinen nie ganz verstummenden Un-

andere Gründe haben. Rein formal kann man sich damit begnügen, darin den Beginn einer neuen Erzählerperspektive zu sehen. Was an diesem ersten Satz vor allem auffällt ist, daß das im Zweiten Teil bereits sich anbahnende Aufsteigen Watts in die nächsthöhere Etage mit einer offensichtlichen Spaltung in Watt und in einen „Erzähler", verbunden ist. Dieser Erzähler redet in der Ich-Form und gibt sich überraschend als „Sam" zu erkennen (S. 161)

Es ist, als ob „Sam" aus Watt oder Watt aus „Sam" heraustritt. Diese, dem plötzlichen Erscheinen Sams gerecht werdende Auffassung leuchtet mehr ein als die etwas theoretisch anmutende Überlegung, ob Sam nicht vielleicht schon bisher, wenn auch ungenannt, als Erzähler fungiert haben könnte. Es gibt dafür keinen ersichtlichen Grund. Eine solche Interpretation Sams mag denkbar sein, sie ist aber im Hinblick auf Becketts direkten Erzählstil nicht zwingend. Zumindest kann man sagen: wenn Sam früher nötig gewesen wäre, hätte Beckett ihn genannt.

Gegen die Fixierung des Begriffes „Pavillon" auf eine Irrenanstalt spricht auch, daß dieser Begriff „beweglich" gehandhabt wird, denn es heißt gleich auf der ersten Seite im englischen "mansion" (Herrenhaus), im deutschen Text „Zwinger", während die französische Ausgabe beim Ausdruck «pavillon» bleibt, der auch eingangs in allen drei Sprachen verwendet wird.

Es müssen Sonne und Wind herrschen, wenn Sam und Watt sich im Park begegnen, sonst bleiben sie lieber in ihren Häusern. Jeder liebt es, „für sich in seiner laut- und lichtlosen Wärme" zu bleiben.

> For when on Sam the sun shone bright, then in a vacuum panted Watt, and when Watt like a leaf was tossed, then stumbled Sam in deepest night. But ah, when exceptionally the desired degrees of ventilation and radiance were united, in the little garden, then we were peers in peace, each in his own way, until the wind fell, the sun declined. (S. 151)

terton von Bedrohung und Katastrophe geben. (*Samuel Beckett* (München 1975), S. 44. Auch R. Breuer (a.a.O., S. 48) und H. Breuer (a.a.O., S. 157) äußern den Verdacht der Schizophrenie. R. Mears hat darüber in einem Aufsatz in der Zeitschrift *Psychiatry* Nr. 36 (1973), S. 61–69, geschrieben: *Beckett, Sarraute, and the Perceptual Experience of Schizophrenia.*

Die beiden reparieren eine Brücke, auf dem Bauch liegend, jeder von einer Seite des Flüßchens aus. Sie befinden sich demnach nicht auf ein und derselben Seite. Als dieses Werk vollbracht ist, lächeln sie einander zu, mit einem „außergewöhnlichen Lächeln", denn sie sind glücklich über diese Verbindung. Sitze gibt es keine, auf denen sie sich hätten ausruhen können. Es ist viel Dickicht da und zahlreiche Vögel, die sie mit Vergnügen durch Steinwürfe töten oder verfolgen. Ihre besonderen Freunde sind die Ratten, die das Flußufer heimsuchen. Sie füttern sie mit Leckerbissen aus der Anstaltskost oder auch die eine Ratte mit einer anderen. Das führt zu der ungewöhnlichen Bemerkung, daß sie sich bei diesen Gelegenheiten „Gott am nächsten" wähnten. Watt spricht mit leiser schneller Stimme, es ist also schwierig, ihn richtig zu verstehen. Auch beachtet er nicht die Regeln der Grammatik. Vieles wird vom heulenden Wind für immer verweht.

Es gibt übrigens eine ganze Anzahl Parks, die mit einem hohen Stacheldrahtzaun, der instandsetzungsbedürftig ist, umgeben sind. Dies verstärkt noch den Eindruck, man befände sich in einer Irrenanstalt.

Eines schönen Tages wird Sam von „irgendeiner äußeren Kraft" zum Zaun getrieben, bei strahlender Sonne und tobendem Wind. Sam liebt an sich die Zäune, weil sie zwar die Bewegung begrenzen, nicht jedoch die Sicht. Watt geht es ähnlich. So kommt es zu einer merkwürdigen Begegnung.

> Being now so near the fence, that I could have touched it with a stick, if I had wished, and so looking about me, like a mad creature, I perceived, beyond all possibility of error, that I was in the presence of one of those channels or straits described above, where the limit of my garden and that of another, followed the same course, at so short a remove, that one from the other, and for so considerable a distance, that it was impossible for doubts not to arise, in a reasonable mind, regarding the sanity of the person responsible for the layout. Continuing my inspection, like one deprived of his sense, I observed, with a distinctness that left no room for doubt, in the adjoining garden whom do you think but Watt ... (S. 156/157)

Im Folgenden läuft alles rückwärts: zunächst Watt, der sich langsam, schlängelnd, im Rückwärtsgang dem Zaun und damit

Sam nähert. Dann aber spricht er auch die Sätze so, daß man die Worte einzeln rückwärts lesen muß. Auf die Frage:

> Why, Watt ... that is a nice state you have got yourself into, to be sure.
> Not it is, yes, replied Watt. (Das aber heißt: "Yes, is it not?") (S. 157)

Watt ist nämlich rückwärts durch Brombeergesträuch, Brennesseln oder Disteln gekrochen und im Stacheldraht, an den er sich mit ausgestreckten Armen lehnt, hängen geblieben. "His face was bloody, his hand also, and thorns were in his scalp." (S. 157) Watts Anblick gleicht deshalb auch dem Christusbild, das, Bosch zugeschrieben, damals in der National Gallery hing, wie in Parenthese vermerkt wird.

Watt stammelt:

> Wonder I, said Watt, panky-hanky me lend you could, blood away wipe ...
> (übersetzt: "I wonder, said Watt, could you lend me hanky-panky, wipe away blood.") (S. 157)

Sam versucht, ihm durch ein Loch im Zaun das gewünschte Taschentuch zu reichen.

Watt geht und spricht nicht nur rückwärts, er hat auch die Hose verkehrt herum an!

Sam zieht Watt durch das Loch auf seine Seite herüber, wischt ihm über Gesicht und Hände, salbt ihn sogar, kämmt ihm die Haarbüschel und den Backenbart, bürstet seine Kleider ab und dreht ihn schließlich herum, so daß er ihm gegenüber steht. "Then I placed his hand, on my shoulders, his left hand on my right shoulder ..." etc. (S. 161) Dann schreiten sie, so „vereint", Sam vorwärts, Watt rückwärts, zwischen den Zäunen.

> I looking wither we were going, and he looking whence we were coming. (S. 161)
> So we began, after so long a time, to walk together again, and to talk ...
> As Watt walked, so now he talked, back to front. (S. 162)

Hier muß angemerkt werden, weil es zur Beurteilung des ganzen folgenden Textes wichtig ist, daß die beiden, Sam und

Watt, hinfort beieinander bleiben, Sam vorwärts, Watt rückwärts gehend (denkend!) bis zum Ende des Dritten Teils der Erzählung, wo es heißt:

> ... when he had told me this, then he loosed my hands from his shoulders, and backwards through the hole went back, to his garden, and left me alone, ... (S. 213)

Was jedoch auf den Seiten 162 bis Ende des Kapitels folgt, sind „Beispiele" für die Art, wie Watt damals sprach und was Watt sagt zu Sam: in Inversionen, die mehr oder weniger vollkommen wiedergeben, was Erlebnisinhalt dieser Epoche ist. Für Sam, der vor allem auf „Auskünfte" erpicht ist, ist das recht verwirrend:

> Thus I missed I suppose much I presume of great interest touching I suspect the second stage of the second or closing period of Watt's stay in Mr. Knott's house. (S. 163)

Mit diesem Satz wird deutlich, daß es sich bei all diesen Schilderungen, auch wenn der Schein zunächst trügt, um die Erlebnisse Watts im ersten Stock von Mr. Knotts Haus handelt. (vgl. Abschnitt C, 2)

Es sind Illustrationen der verschiedenen Bewußtseinsphasen, in denen Watt sich während seines Aufenthaltes in Mr. Knotts Haus befindet. Erst kehrt er die Reihenfolge der Worte im Satz um, dann die Buchstaben im Wort, die Sätze in der Satzperiode usw., schließlich kommen Sam die Worte Watts gälisch vor.

> But soon I grew used to these sounds, and then I understood as well as ever, that is to say fully one half of what won its way past my tympan.
> For my own hearing now began to fail, tough my myopia remained stationary. My purely mental faculties ... were if possible more vigorous than ever. (S. 167)

Es folgt eine Szene, in der „alle vier" im Garten sind: Mr. Knott, Watt, Arthur (Watts Nachfolger in der unteren Etage) und der Gärtner (Mr. Graves). Wo Sam geblieben ist, bleibt unklar, vielleicht ist er mit Watt so verwachsen, daß beide als ein und dieselbe Person gerechnet werden. Arthur erzählt eine lange Geschichte über seinen Freund Ernest Louit und

Tom Nackybal, wobei eine Persiflage akademischer Gepflogenheiten nicht zu übersehen ist. Der Blicke-Tausch eines akademischen Gremiums ist nicht nur komisch, er ist aberwitzig, die Beschreibung erstreckt sich über volle sechs Seiten. Auf S. 177 ist eingeschoben:

> For many, many looks may still be taken, and much, much time still lost, ere every eye find the eye it seeks, and into every mind the energy flow, the comfort and the reassurance, necessary for a resumption of the business in hand. And all this comes of lack of method ... (S. 177)

Es folgt eine „Garten-Serie" und schließlich endet das Ganze in einem regelrechten Chaos von Zahlen und Namen, d.h. im Irrationalen. Das alles hängt mit Mr. Nackybal zusammen, der gelegentlich auch einmal „Ballynack" genannt wird. Der wird einer „strengen Prüfung" unterzogen, aus der er würdig hervorgeht.

Offenbar war Mr. Knott während der Erzählung von Arthur auf den Baum gestiegen, bzw. auf den Baum entschwunden.

> Watt learned later, from Arthur, that the telling of this story ... had transported Arthur far from Mr. Knott's premises ...
> (S. 197/198)

Es stellt sich auch heraus, daß Arthur seine Geschichte abbrach nicht, weil er müde war, sondern weil er den Wunsch verspürt hatte, in Mr. Knotts Haus zurückzukehren, zu seinen Geheimnissen und seiner Beständigkeit.

Ich sehe in der Geschichte Arthurs einen ebensolchen Rückblick (auf ein Vorleben), wie es Arsenes „Erklärung" war, die ja ein Rückblick auf seine Erfahrungen in Mr. Knotts Haus war, welchen er dem neuangekommenen Watt gab, ehe er das Haus verließ. Der Kontrast zwischen dem von Mr. Knott bewohnten Obergeschoß und dem, was hier von Arthur über Louits und Mr. Nackybals Erfahrungen berichtet wird, ist groß. Von Mr. Knotts Reich aus gesehen, d.h. 'sub specie eternitatis', wirkt das von Arthur, dem Neuankömmling, geschilderte Treiben in der Tat höchst absurd.

Watt selbst hat wenig über die zweite oder Endphase seines Aufenthaltes in Mr. Knotts Haus zu sagen, und über die Natur seines Herrn wußte Watt auch weiterhin herzlich wenig. Das seinen Sinnen zugängliche „Material" war dürftig und verfiel schnell. Mr. Knott schien in lautloser Leere, in luftlosem Dunkel einherzugehen, die Kleidung war undefinierbar und stets wechselnd; Grund für eine weitere „Serie". Das Anthropomorphe einer solchen Betrachtung geht Watt selbst auf. Watt ist also kein großer Eingeweihter, sondern ein äußerst dürftiger Zeuge. Immerhin behält Watt trotz der undurchschaubaren Verhältnisse die Seelenruhe (Ataraxie):

> This ataraxy covered the entire house-room, the pleasure-garden, the vegetable garden and of course Arthur. (S. 207)

Als Watts Zeit zum Gehen gekommen ist, begibt er sich in größter Gemütsruhe zum Tor. Als er jedoch auf offener Straße steht, bricht er in Tränen aus. Er steht da mit hängendem Kopf und einer Tasche in jeder Hand.

Am Schluß des Teils III wird noch erwähnt, wie Watt und Sam sich wieder trennen, indem Watt sich rückwärts von Sam entfernt und durch das Loch in seinen umzäunten Park, zu seinem Pavillon hin verschwindet. Das wird symbolisch noch einmal mit dem sich vermischenden und sich teilenden Rauch verdeutlicht:

> And from the hidden pavilions, his and mine, where by this time dinner was preparing, the issuing smokes by the wind were blown, now far apart, but now together, mingled to vanish. (S. 213)

Teil IV
Watts Abschied und sein Weg zurück zum Bahnhof

> As Watt told the beginning of his story, not first, but second, so not fourth, but third, now he told its end. Two, one, four, three, that was the order ... (S. 214)

Der Vierte Teil des Romans WATT beginnt mit einem Verwirrspiel. Diese strukturelle Eigentümlichkeit bespreche ich in Abschnitt B, 1. Der Erzählfaden wird dann mit den Worten: "As Watt came, so he went, in the night..." (S. 214) wieder aufgenommen.

Es ist wieder Sommer. Mr. Knott hält sich in seinem Zimmer auf und Watt sitzt am offenen Fenster und schaut und lauscht hinaus. Im Haus hört man Arthur die Treppe hinaufgehen und sieht einen Schimmer aufleuchten, das Licht des armen Arthur. Um Mitternacht hilft Watt Mr. Knott ins Nachthemd und dann ins Bett und geht hinunter in die Küche, um ein letztes Glas Milch zu trinken. In der Küche sitzt ein Fremder, im Dämmerschein des erlöschenden Herdfeuers, und es stellt sich heraus, daß es Micks ist, der auf die gleiche Art hereingekommen ist wie einst Watt: "One moment I was out, and the next I was in" (S. 215) und der nun der Nachfolger sein wird. Der Nachfolger Arthurs, der seinerseits aufrückt an Watts Stelle. So kündigt sich Watts Weggang an, man kennt schon die Regel.

Der Neue stellt sich so vor:

> I come from —, said Mr. Micks, and he described the place whence he came, I was born at —, he said, and the site and circumstances of his ejection were unfolded. My dear parents, he said, and Mr. and Mrs. Micks, heroic figures, unique in the annals of cloistered fornication, filled the kitchen. He said further, At the age of fifteen, My beloved wife, My beloved dog, Till at last. Happily Mr. Micks was childless. (S. 215)

Diese aphoristische und höchst widersprüchliche Art, sich vorzustellen, bedarf gleichfalls einer späteren Erläuterung.

Micks, der Neuangekommene, zeigt alle Zeichen des Entsetzens und kauert sich an die Wand, die Hände vors Gesicht haltend, als wolle er einen Schlag abwehren. Das war verwunderlich, denn Micks war kein unbedarfter Mensch:

> Nor was Micks a little girl, or an innocent little choir-boy, no, but a big placid man, who had seen something of the world ... (S. 219)

Irgend etwas ängstigte ihn und stieß ihn ab: "... a shade uncast, a light unshed, or the grey air aswirl with vain entelechies?" (S. 219)

Es folgt noch eine typische Watt-Überlegung, was er, Watt nun tun solle. Sie endet damit, daß er sich in sein Schicksal ergibt, er wird müde, krümmt sich zusammen und verharrt eine Weile regungslos. Während er in dieser „kläglichen Haltung" sitzt und sein Geist ein Weilchen abgewendet ist von seinen Sorgen, fühlt er sich innerlich ein wenig erheitert.

Unmotiviert findet Watt sich nach dieser merkwürdigen Schilderung wieder auf dem Weg, d.h. auf der Allee zwischen dem Haus und der Straße. Watt ist ohne Abschiedsworte von Micks geschieden, weil es ihm an elementarer Höflichkeit mangelt. "The few simple words at parting, that mean so much, to him who stays, to him who goes ..." (S. 221)

Die Nacht ist ungewöhnlich hell, die Gestirne leuchten auf Watt und die Gartenschönheiten. Zu Watts Entsetzen ist es

> ... a light so strong, so pure, so steady and so white, that his progress, though painful, and uncertain, was less painful, less uncertain, than he had apprehended, when setting out. (S. 222)

Dann erreicht er die Bahnstation. Sie ist geschlossen. Er bleibt vor dem Gitter der Sperre stehen und bewundert den Schienenweg.

Watt klettert schließlich über die Sperre. Er nimmt seine Taschen wieder auf und geht um eine Mauerecke herum auf den Bahnsteig, wo er im Stellwerk Licht brennen sieht. Der Weichensteller, Mr. Case, wartet darauf, daß der Eilzug durchfährt, damit er die Weichen stellen kann. Watt fragt Mr. Case nach der Zeit und es wird festgestellt: "It was as he feared, earlier than he hoped." (S. 228)

Watt bittet nun, in den Wartesaal gelassen zu werden. Dies ist allerdings eine heikle Frage, weshalb sich eine ganze „Serie" mit Überlegungen anschließt, ob Mr. Case berechtigt ist zu öffnen, oder wer die Schlüsselgewalt besitzt für die einzelnen Räume der Station. "Mr. Case considered all this ... weighing the for, and weighing the against, without passion." (S. 230)

Mr. Case beschließt endlich, Watt über Nacht in den Warteraum einzuschließen und sagt (ohne ihm die Gründe für seinen Entschluß mitzuteilen):

> In the morning, ... you will be let out, and free to come and go, as you please. Watt replied that would indeed be something to look forward to, and a comfort to him during the night. (S. 231)

Watt legt sich auf eine Bank im Wartezimmer, den Hut auf dem Gesicht:

> Thus the moon was in a measure kept off, and the lesser beauties of this glorious night. The problem of vision, as far as Watt was concerned, admitted of only one solution: the eye open in the dark. The results given by the closed eye were, in Watt's opinion, most unsatisfactory. (S. 231)

Ein Teil des Wartesaals ist schwach erleuchtet. Watt stellt fest, daß er frei von Möbeln oder Gegenständen ist, soweit er das sehen kann.

> This did not strike him as strange. Nor did it strike him as usual. For his impression was, such as it was, *as he drooped sigmoidal in its midst,* that this was a *waiting-room* ... (S. 233)

Alle diese Feststellungen Watts im Warteraum werden noch Gegenstand einer Erörterung in den folgenden Abschnitten dieser Arbeit sein.

Dann erklingt in der Ferne ein fröhliches Pfeifen, Mr. Nolan, der Gepäckträger naht. Mit einem Fußtritt öffnet er die Tür zum Warteraum. Watt, der im Schlagbereich der Tür steht, (die Tür ist zweiflügelig und die Flügel bewegen sich halbkreisförmig) wird getroffen. "Now I am at liberty, said Watt, I am free to come and go, as I please," (S. 237) indem er in die Achselhöhlen von Mr. Nolan blickt, der den Stationsvorsteher, Mr. Gorman, an der Türschwelle trifft. Zugleich sieht Watt die weiße Wartezimmerdecke, woraus zu schließen ist, daß er durch die Türflügel zu Boden gestreckt worden ist.

Damit ist Watt wieder in einer Rahmensituation angekommen, nach einer Reise bzw. einem Aufenthalt, von denen gesagt werden muß, daß Watt selbst der Beschreiber der Ereignisse war, während nun wie zu Beginn von WATT, die Umstehenden es sind, die ihre Beobachtungen wiedergeben. Watt ist nun nicht mehr erzählendes Subjekt, auch nicht mehr derjenige, der alles „Sam" zuflüstert was erzählt wird, sondern Objekt eines allwissenden Erzählers.

Es ist damit auch klar, daß Watt „hinfällig ist". An dieser „Schwelle des Wartesaals" verliert Watt sein Bewußtsein, ihm ist nicht gleich zu helfen. An dieser Stelle steht: „Hiatus in

MS." Mr. Gorman schaut auf die Uhr: "It was as he feared, later than he hoped." (S. 238) Dies klingt wie eine Inversion der ganz ähnlichen Aussage auf S. 228: "It was as he feared, earlier than he hoped". Die eine steht, unmittelbar bevor Watt in den Wartesaal eingelassen wird, die zweite dort, wo er dabei ist, ihn zu verlassen, und betäubt am Boden liegt. Mr. Gorman befiehlt dem Gepäckträger Nolan:

> Run fetch a bucket of water, he said, perhaps who knows if we souse him thoroughly he will get up of his own free will. (S. 238/239)

Mr. Nolan meint: „Vielleicht den Schlauch—", doch geht er, einen Dreckeimer von der Pumpe zu holen, mit Schlickwasser. Watt hört indessen Bruchstücke von Hölderlinversen: „... von Klippe zu Klippe geworfen — Endlos in ... hinab"[77]

Mr. Gorman hilft Mr. Nolan, den Eimer schlickigen Wassers über den am Boden Liegenden zu schütten. Dabei passiert beinahe ein Unglück, der Eimer fällt auf Watt, verletzt ihn:

> Blood now perfused the slime. Mr. Gorman and Mr. Nolan were not alarmed. It was unlikely that a vital organ was touched. (S. 241)

Vorher hatte Mr. Nolan beteuert: "I declare to God she sprang out of me hands, like as if she was alive ..." (S. 241)

Diese Szene ist nicht nur herzlos-brutal, sie klingt im Englischen sogar besonders ordinär: "I declare to God *she* sprang out of *me* hands, like as if *she* was alive", was Arbeiterslang ist (der Eimer müßte "it" genannt werden, außerdem müßte es "out of my" und nicht "me hands" heißen).

Es treten andere Personen hinzu, andere Reisende, die in die Beobachtung der Kalamität einbezogen werden, in die

---

[77] Im englischen Text wird dies deutsch zitiert (S. 239). Beckett hat sich offensichtlich an Friedrich Hölderlins Gedicht *Hyperions Schicksalslied* erinnert, allerdings nicht ganz wörtlich. Die korrespondierende Stelle bei Hölderlin heißt: „Wie Wasser von Klippe zu Klippe geworfen, *Jahr lang* ins Ungewisse hinab." Voraus gehen die Verse: „Es schwinden, es fallen Die leidenden Menschen Blindlings von einer Stunde zur andern ..." Eine Assoziation zu der in WATT beschriebenen Situation ist naheliegend und *Hyperions Schicksalslied* charakterisiert sie treffend.

Watt geraten ist. Die Namen dieser Umstehenden sind gleichfalls ordinär (S. 240): Arsy Cox; Herring-gut Waller; Cackfaced Miller. Man tauscht warme Händedrücke aus und wünscht sich einen Guten Morgen. Mr. Case ist unsicher, ob Watt am Boden derselbe ist, den er vorher gesehen hatte (als er das erste Mal auf der Hinreise in der Station aufgetaucht war — und in der vergangenen Nacht). Watt trägt dieselben Kleider, so scheint es ihm, denselben Hut, dieselben Taschen. Aber das Gesicht erkennt er nicht, obwohl er den Schlick auf Watts Gesicht ein wenig wegkratzt.

Als alle um Watt versammelt sind, kommt ein „Bote". Ein atemloser Junge taucht auf und sagt, Mr. Cole habe ihn geschickt. Mr. Case erläutert (weil Lady McCann nicht weiß, wer Mr. Cole ist): vom Bahnübergang. Mehr wird nicht über dessen Identität gesagt. Mr. Cole will wissen, warum Mr. Cases Signale sich der Durchfahrt von Mr. Coles Zügen widersetzen (Mr. Cole ist offenbar Herr über die Züge). Lady McCann schickt den Jungen zurück zu dem, der ihn geschickt hat:

> Tell him that — has been the scene of terrible events, but that now all is well. Repeat now after me. The scene ... of terrible ... terrible ... events ... but that now ... all is well ... (S. 243)

Als Watt schließlich aufsteht, sagt Mr. Gorman: "Who the devil are you ... and what the hell do you want?" (S. 243) Watt findet seinen Hut, setzt ihn auf, findet seine Taschen und nimmt sie auf.

Watt geht in die Fahrkartenausgabe und bestellt sich eine Fahrkarte, immer kommentiert von den Zuschauern, „bis ans Ende der Strecke". Wenige Minuten später läuft der Sechs-Uhr-vier-Zug ein.

> The sun was now well above the visible horizon. Mr. Gorman, Mr. Case and Mr. Nolan turned their faces towards it, as men will, in the early morning, without heeding. (S. 245)

Die Geschichte endet ohne dezidierte Aussage, wohin Watt entschwunden ist. Man vermutet zwar, daß er auf der Reise zum Ende der Strecke ist. Die Erzählung verklingt, indem die drei Männer auseinandergehen, jeder in eine Richtung, Mr. Case im Weggehen zögert, sich umwendet und fragt:

And our friend?
Friend?
Is it the long wet dream with the hat and bags? (S. 246)

Die Drei schauen

... at nothing in particular, though the sky falling to the hills, and the hills falling to the plain, made as pretty a picture, in the early morning light, as a man could hope to meet with, in a day's march. (S. 246)

Es folgt der ADDENDA genannte Abschnitt. Offenbar handelt es sich dabei nicht um Material für eine weitere Fortsetzung der Erzählung, sondern um Material, das (als Notizen oder Entwürfe) nicht in den Roman aufgenommen worden ist. Beckett schien es jedoch wichtig und charakteristisch genug, daß er es, wenn auch als Anhang, veröffentlicht hat.

Zusammenfassung des Handlungsverlaufs

Watt taucht am Abend auf, wird beobachtet, wie er, aus einer Straßenbahn ausgestiegen, unbeweglich dasteht. Er geht zum Bahnhof, stößt mit einem Milchkannen transportierenden Gepäckträger zusammen, fährt in einem Zug, aus dem er (wegen des kurzen Halts) schnell aussteigt, geht einen Weg, immer den Hut auf dem Kopf und die Taschen in den Händen, legt sich an der Grabenböschung nieder, rollt kopfüber in den Graben hinein (hört einen Chor singen) und setzt dann seine Reise „mit weniger Mühe, als er befürchtet hatte" bis zu Mr. Knotts Haus fort. Er gelangt, obwohl zunächst die Türen zu waren, nicht wissend wie über die Schwelle, wo er sich in der Küche niederläßt. Dort erzählt ihm Arsene, der scheidende Diener, eine lange Geschichte, die eine „Erklärung" genannt wird. Dann nimmt er seine Arbeit im Haus von Mr. Knott auf, zunächst im Untergeschoß, später im ersten Stock. Er bedient Mr. Knott mit Nahrung (die er umständlich zubereitet), beseitigt die Reste der Mahlzeiten, die jeweils hungrigen Hunden vorgesetzt werden müssen, damit sie restlos vertilgt werden. Erst selten, dann öfters, begegnet er Mr. Knott, vor allem nachdem Erskine, der zunächst im ersten Stock gedient hat, das Haus verläßt und Watt „nachrückt".

Nach einer längeren Exkursion in die Parks, in denen Pavillons stehen (in einen ist Watt umgezogen, während „Sam" zurückbleibt) und einer Phase rückwärtslaufender Ereignisse, die zu einer teilweisen Wiedervereinigung von Watt und Sam führen (sie „gehen", der eine rückwärts, der andere vorwärts, nahe beieinander, zwischen den einzelnen Parkstücken umher), kehrt Watt in Mr. Knotts Haus zurück. Arthur, Watts Nachfolger in der unteren Etage, erzählt eine längere Geschichte. Mr. Knott, der sich stets verwandelt, wird, so gut es geht, beschrieben. Trotz der ständigen Bewegung herrscht in Mr. Knotts Haus und Garten Seelenruhe („Ataraxie"). Watt trennt sich wieder von Sam und verschwindet in seinem Pavillon.

Mr. Micks kommt an, der Nachfolger von Arthur im Untergeschoß. Das ist die Zeit, zu der Watt den Dienst im Haus von Mr. Knott quittiert. Watt steht zum Abschied in der Küche, wie einst Arsene dort gestanden hatte, als er selbst eintraf. Er trägt wieder den Hut und die Taschen (die jetzt kleiner sind und „Jagdtaschen" genannt werden).

Watt geht in größter Gemütsruhe, doch ohne Abschiedsworte, zum Tor des Anwesens. Auf der Allee zwischen dem Haus von Mr. Knott und der Straße bewundert er die Gestirne. Auf der Straße bricht er unvermittelt in Tränen aus. Er geht zum Bahnhof. Er muß die Nacht über im Warteraum eingeschlossen verbringen. Morgens wird er durch zwei Türflügel zu Boden gestreckt, ist betäubt, wird mit einem Eimer kalten Schlickwassers übergossen, verletzt. Er nimmt den heruntergefallenen Hut und die Taschen wieder auf, kauft sich eine Fahrkarte bis ans Ende der Strecke. Es ist jetzt Morgen, der Sechs-Uhr-vier-Zug kommt, in den er (wahrscheinlich) einsteigt. Die Umstehenden kommentieren das Erscheinen und Verschwinden Watts, so wie sein Auftauchen am Abend vor der Reise von Beobachtern verfolgt worden ist. Ein neuer Sommertag beginnt.

"It's the shape that matters"
Samuel Beckett[78]

Abschnitt B
Zur Komposition und formalen Eigenart von WATT

1. Vorbemerkungen und Stilbeispiele

In dieser Arbeit wird der Text von Samuel Becketts WATT auf seinen Erkenntniswert, seinen inneren Gehalt hin analysiert. Dabei soll jedes Hineininterpretieren vermieden werden. Als Teil der Befragung des Textes wird in diesem Abschnitt B zur Komposition des ganzen Romans und zu seiner formalen Eigenart Stellung genommen. Eine Gesamtschau des Gehalts wird dann in Abschnitt C versucht.

Beckett macht es dem Leser nicht leicht, große Teile dieses Romans in einen Sinnzusammenhang einzuordnen. Die Betrachtung der formalen Eigenart und der Komposition im Ganzen dient hier allein dem Versuch, dem zugrundeliegenden gnoseologisch-faßbaren Gehalt auf die Spur zu kommen. Es handelt sich also auch in Abschnitt B nicht um eine vordergründig formale Strukturuntersuchung, sondern um die Vorbereitung der im folgenden Abschnitt dann vorzunehmenden Interpretation, wobei immer bedacht wird, daß dieses Deuten nicht mit „Erklären" verwechselt werden darf.

Es besteht volle Übereinstimmung mit Wolfgang Iser, der in der Interpretationshaltung herkömmlicher Art ein Phänomen des 19. Jahrhunderts sieht. Die am klassischen Kunstideal gebildete Interpretationsnorm verkürzt seiner Ansicht nach die Texterfahrung um eine entscheidende Dimension[79]. Der Leser ist deshalb besonders bei der Gegenwartsliteratur nicht zur einfühlenden Kontemplationshaltung aufgerufen, sondern

---

78 Vgl. Pilling, J.: *Samuel Beckett* (London 1976), S. 1. Nach einer pers. Mitteilung Pillings steht diese Äußerung Becketts auch in einem Artikel von *L'Express* vom 8. 2. 1957, S. 26.
79 Iser, W.: *Der Akt des Lesens,* Fink (München 1976), S. 15 ff. und S. 245.

zur aktiven Teilnahme an der Konstituierung von Sinn und Bedeutung. Letzteres schließt das lesende Subjekt mit ein, weil im Subjekt der Sinn erst existentiell wirksam wird.[80]

Der Text von WATT wird in dieser Arbeit nicht anhand irgendeines „Bezugsrahmens" *erklärt,* sondern in seiner Wertigkeit für das lesende Subjekt dargestellt. Allerdings wird die Meinung vertreten, daß der Text in seinem Bildcharakter auch gegenüber einem als idealtypisch angesehenen "homo sapiens" Bestand haben muß.

Untersuchungen über den Sprachstil von WATT sind im Forschungsbericht angeführt worden. Ich verweise besonders auf die umfassenden Arbeiten von H. und R. Breuer, U. Dreysse, J. Fletcher sowie J. R. Knowlson und J. Pilling. Es gehört hierher auch die Untersuchung von M. Smuda über *Becketts Prosa als Metasprache*[81] und W. Isers *The Pattern of Negativity In Beckett's Prose*[82], sowie die anderen bereits erwähnten Arbeiten dieses Autors. M. Kesting hat *Das Romanwerk Samuel Becketts*[83] vom ästhetischen Gesichtspunkt aus betrachtet. Auch J.-J. Mayoux hat Becketts Stil untersucht. Seiner Ansicht nach kommt Beckett der „visionären Projektionskunst" außerordentlich nahe[84].

Die besondere Art und Weise von Becketts Stil ist nicht Gegenstand dieser Untersuchung. Es geht nicht um Becketts Wortschatz, Satzbau oder Sprachrhythmik, und die formale Eigenart von WATT interessiert nur im Hinblick auf die Struktur des Ganzen. Neben der „Makrostruktur" der Komposition der vier Teile des Romans befasse ich mich deshalb nur mit wenigen Stilbeispielen. Ich sehe sie als dazugehörige „Mikrostrukturen", verzichte aber auf alle weiteren Aspekte zu diesem Thema.

---

[80] W. Iser bezieht sich an dieser Stelle auf Ricoeur, der wiederum an Überlegungen Freges und Husserls anknüpft (a.a.O., S. 245).
[81] Fink (München 1970).
[82] *The Georgia Review,* Vol. XXIX, No. 3 (Fall 1975), S. 1–14.
[83] In: *Vermessung des Labyrinths. Studien zur modernen Ästhetik,* Fischer (Frankfurt a. M. 1965).
[84] Mayoux, J.-J.: *Über Beckett* (Frankfurt a. M. 1966), S. 11

Jean-Jacques Mayoux hat einmal folgendes über Beckett geschrieben:

> Wenn Beckett auch auf den ersten Blick nicht dunkel zu sein scheint, bei näherem Hinsehen zeigt sich doch, daß der Sinn seines Werks niemals an der Oberfläche liegt und immer erst in die Alltagssprache übersetzt werden muß[85].

Eine Untersuchung wie die hier vorgelegte über den verborgenen gnoseologischen Grundzug erhält durch diese Bemerkung Mayoux' eine Bestätigung.

WATT steht nicht nur zeitlich zwischen den englisch geschriebenen frühen Erzählungen, wie *More Pricks Than Kicks* und *Murphy,* und den späteren in französischer Sprache, sondern auch stilistisch. Beckett hat hier schon jene Distanz zur Sprache gewonnen, die seine späteren Arbeiten charakterisieren. „Stillos" zu schreiben war einer der Gründe, die Beckett als Grund angeführt hat, weshalb er zur französischen Sprache überging. W. Iser sieht in Becketts Sprache eine reine Denotation, d. h. es werden alle Implikationen getilgt und Konnotationen vermieden. Solche Texte bezeichnet man in der Linguistik als nicht referentielle Fiktion. Das Element gehäufter Negationen und der Zurücknahme des Gesagten zum Zwecke der Annullierung von Bedeutung ist in WATT bereits vorhanden, jedoch nicht in der gesteigerten Weise wie in der Trilogie. Im Übrigen ist R. Breuer zuzustimmen[86]: „Noch weniger als bei den früheren Werken besagt im Falle von WATT die Inhaltsangabe etwas über den Eindruck, den der Roman hervorruft. Dieser Eindruck wird in einem erheblichen Maße durch den Stil und die rhetorischen Mittel bestimmt."

WATT beginnt in der Art eines ganz normalen Romans, mit einem scheinbar herkömmlichen, allwissenden Erzähler. Bis zur ersten Fußnote, über die schon berichtet worden ist. Dem Sujet nach knüpft WATT an *Murphy* an. Als Beispiel dafür eine Szene, in der Mr. Hackett den Polizisten ruft, um ihn gegen die Sittenwidrigkeit des Liebespaares auf „seiner" Bank zum Einschreiten zu veranlassen:

---

85 Dito, S. 9.
86 Breuer, R.: a.a.O. (1976). S. 63.

> Mr. Hackett decided, after some moments, that if they were waiting for a tram they had been doing so for some time. For the lady held the gentleman by the ears, and the gentleman's hand was on the lady's thigh, and the lady's tongue was in the gentleman's mouth. Tired of waiting for the tram, said Mr. Hackett, they strike up an acquaintance. The lady now removing her tongue from the gentleman's mouth, he put his into hers. Fair do, said Mr. Hackett. Taking a pace forward, to satisfy himself that the gentleman's other hand was not going to waste, Mr. Hackett was shocked to find it limply dangling over the back of the seat, with between its fingers the spent three-quarters of a cigarette.
> I see no indecency, said the policeman.
> We arrive too late, said Mr. Hackett.
> What a shame.
> Do you take me for a fool? said the policeman.
> Mr. Hackett recoiled a step, forced back his head until he thought his throatskin would burst, and saw at last, afar, bent angrily upon him, the red violet face. (S. 6)

Diese Stelle zeigt in dichter Folge Aussage nach Aussage, wie das für Becketts Stil typisch ist. Sie zeigt aber außer der damit verbundenen Genauigkeit des Ausdrucks eine Dramatik, die Handlung an die Stelle der Beschreibung setzt: es wird nicht gesagt „Mr. Hackett war übermäßig klein von Gestalt und der Polizist ein großer und grober Kerl", sondern es wird geschildert, wie Mr. Hackett seinen Kopf in den Nacken legen muß, wobei seine Haut am Hals beinahe reißt, um schließlich „weit weg", das rotviolette Gesicht (des Polizisten!) zu sehen, der sich ärgerlich über das kleine Männchen beugt. Die Verhältnisse werden nicht erklärt, die Figuren werden in Szene gesetzt, sie offenbaren ihren eigenartigen Charakter durch ihr Tun. Das ist die Sprache eines Dramatikers.

Im Fortgang der Erzählung ändert sich nicht nur die dramatische Struktur. Watt entfernt sich aus jenen Bereichen des Daseins, denen man mit einer Beschreibung von Außen beikommen kann. Die Erzählperspektive ändert sich. Ein innerseelischer Schauplatz wird betreten. Die Gesetzmäßigkeiten der normalen Umwelt werden negiert und unser alltägliches Begriffssystem außer Kurs gesetzt. Kritiker, wie beispielsweise J. Chalker[87] sind der Ansicht, die gesamte Erzählstruktur „kollabiere", was es nicht nur eigenartig und enervierend mache, WATT zu lesen, sondern was Ausdruck dafür sei, daß die ganze Geschichte in satirischer Weise das Versagen selbst darstelle: "so that the form itself becomes a satiric representation of a failure ..."[88]

Ich sehe darin kein „Versagens-Syndrom". Im Gegenteil: Becketts Sprache ist auch da präzise, wo Worte (beinahe) versagen, weil die rationale Dreidimensionalität bewußtseinsmäßig verlassen wird und Sprache umso mehr zu einem metaphorischen Ausdrucksmittel wird. Für das Verlassen der alltäglichen Bewußtseinsebene ist der Identitäts- oder sogar Seinsverlust charakteristisch, wie er in der Geschichte vom Klavierstimmer Gall und dessen Sohn sich ankündigt. (S. 67) Auch in den Passagen über den "pot" (der Topf, Urne oder Schachtel sein kann) kommt dasselbe Problem zur Darstellung. Die Zuordnung der Dinge bzw. Worte zu bestimmten Bedeutungsinhalten geht verloren. Man muß eine „Umwertung aller Werte" vornehmen im Anbetracht der Dissoziation von allgemein bekannten Sachen und ihrer hergebrachten Bedeutung. Die Sprache nimmt hier einen reinen Bildcharakter an, der aus sich selbst neu begriffen werden muß.

Beispiele für diesen Stil, den man einen „ungegenständlichen" nennen könnte, finden sich vor allem im Teil III, wo es um die Schilderung der Parks geht, in denen Watt und Sam sich aufhalten. Die beiden sind gezwungen, durch Stacheldrahtzäune hindurch miteinander zu kommunizieren. Für diese psychischen und zugleich geistigen Barrieren finden sich nur schwer adäquate Worte der Beschreibung, weshalb immer wieder neu angesetzt wird. (Zunächst sind die beiden durch ein kleines Flüsschen getrennt, dann durch Gräben, Zäune mit Löchern bzw. Doppelzäune.) Es gehört große „geistige Wendigkeit" dazu, den Zugang vom einen zum anderen Bereich zu finden. Dicke („geistig Träge") haben es besonders schwer. Hier verbergen sich hinter physischen Begriffen geistige Dimensionen.

---

[87] Chalker, J.: *The Satiric Shape of WATT* in Katharine Worth (ed.): *Beckett the Shape Changer* (London 1975).
[88] Dito, S. 29.

Um ein Beispiel aus der von Agnès und Ludovic Janvier mit der Hilfe Becketts zustandegekommenen französischen Ausgabe zu bringen, wird hier der ausgewählte Absatz zunächst in französischer Sprache vorgestellt. Die Präzision kommt hier beispielhaft zur Geltung:

> A travers cette clôture, là où elle n'était pas aveuglée par des ronces et des orties géantes, se voyaient distinctement de toutes parts des parcs semblables, semblablement enclos, chacun avec son pavillon. Tantôt divergeant, tantôt convergeant, ces clôtures dessinaient des lacis d'une irrégularité frappante. Nulle clôture n'était mitoyenne, ne fût-ce qu'en partie. Mais leur proximité était telle, à certains endroits, qu'un homme large d'épaules ou de bassin, enfilant cette passe étroite, le ferait avec plus de facilité, et avec moins de danger pour sa veste, et peut-être pour son pantalon, de biais que de front. En revanche, pour un homme gros de fesses ou de ventre, l'attaque directe s'imposerait, sous peine de se voir perforer l'estomac, ou le cul, peut-être les deux d'une ou de plusieurs barbes rouillées[89].

Im Original lautet diese Stelle:

> Through this fence, where it was not overgrown by briars and giant nettles, similar gardens, similarly enclosed, each with its pavilion, were on all sides distinctly to be seen. Now converging, now diverging, these fences presented a striking irregularity of contour. No fence was party, nor any part of any fence. But their adjacence was such, at certain places, that a broad-shouldered or broad-basined man, threading these narrow straits, would have done so with greater ease, and with less jeopardy to his coat, and perhaps to his trousers, sideways than frontways. For a big-bottomed man, on the contrary, or a big-bellied man, frontal motion would be an absolute necessity, if he did not wish his stomach to be perforated, or his arse, or perhaps both, by a rusty barb, or by rusty barbs. (S. 154/155)

Die von Konnotationen freie Sprache Becketts ist, worauf W. Iser hinweist[90], eine reine Objektsprache. Das muß verwundern. „Nun aber schreibt Beckett Romane, die als fiktionale Texte ja keine empirisch gegebene Objektwelt denotieren, so daß sie eigentlich, dem Duktus fiktionaler Sprachverwen-

---
89 WATT, Editions de Minuit (Paris 1968), S. 186.
90 Iser, W.: *Der Akt des Lesens,* Fink (München 1976).

dung folgen müßten ... Statt dessen nimmt Beckett die Sprache ständig beim Wort ..."[91]

Hier wird davon ausgegangen, daß Beckett "fiction" produziert, was natürlich rein äußerlich auch stimmt. Warum aber tut er dies mit einer Sprache von "non-fiction"? Er braucht eine Objektsprache, weil er etwas beschreibt, was für ihn Realitätscharakter besitzt: „Objekte", die er erlebt, wie andere Leute Tisch und Stuhl, die aber einer nächsthöheren Ordnung angehören. Allerdings muß er sich dafür seine eigene (poetische) Sprache zubereiten. Ließe er darüber hinaus Konnotationen zu, würde das nur von diesem Vorgang ablenken. (Siehe Abschnitt C 1 und 5)

Becketts Sprache ist präzise, knapp und „realistisch", nur daß sie sich auf einer metaphorischen Erzählebene abspielt. Es ist gewiß nützlich sich daran zu erinnern, daß der „Realismus"-Begriff nicht auf die damit bezeichnete Stilepoche zurückgeht, sondern ursprünglich den Wirklichkeitscharakter eines allgemein Begrifflichen bezeichnet (im Gegensatz zum Nominalismus). Der Realismus nimmt eine vom erkennenden Subjekt unabhängige „Außenwelt" an, was einen transzendentalen Realismus einschließt. Beckett ist in diesem Sinne ein „Ideal-Realist", der Wirklichkeit denotiert.

Auf die für den dritten Teil von WATT so charakteristischen Stilelemente der Inversion wird in Abschnitt B, 2 im Einzelnen eingegangen. Auch da herrscht äußerste Sprachdisziplin und Ökonomie. Für diesen Teil von WATT gilt besonders, was R. Breuer schreibt[92]: „Mit dem Roman WATT beginnt die Reihe jener Werke, die den unvorbereiteten Leser aufs äußerste befremden." Und daß Beckett hier einen Text geschrieben hat, „der in seiner absonderlichen Mischung aus *compassion* und Irrsinn zunächst unfaßbar unzeitgemäß wirkt". Zweifellos wird hier dem „unvorbereiteten Leser" fast jeder Satz absurd vorkommen.

Die besondere Poesie der Beckettschen Prosa erlebt der Leser immer dann, wenn Beckett wieder zur Normalität zu-

---

91 Dito S. 344.
92 Breuer, R.: *Die Kunst der Paradoxie*, a.a.O., S. 62.

rückkehrt, d. h. wenn er z. B. Watt gegen Ende eines Kapitels
— und damit das Geschehen insgesamt — zu einem gewissen
Ruhepunkt zurückführt. Entsprechende Stellen finden sich
am Ende des ersten Teils, wo der Hoffnung auf einen neuen
Tag Ausdruck gegeben wird, aber auch gegen Ende des vierten, wo ein neuer Sommertag heraufzieht und wo, wie so oft,
eine Ziege auftaucht. Die beiden Stellen lauten:

> For if it was really day again already, in some low distant quarter
> of the sky, it was not yet day again already in the kitchen. But
> that would come, Watt knew that would come, with patience it
> would come, little by little, whether he liked it or not, over the
> yard wall, and through the window, first the grey, then the brighter colours one by one, until getting on to 9 a.m. all the gold and
> white and blue would fill the kitchen, all the unspoiled light of
> the new day, of the the new day at last, the day without precedent
> at last. (S. 63)

In der deutschen Übersetzung von Tophoven mit Beckett:

> Denn wenn es wirklich schon wieder der neue Tag war in irgendeinem niedrigen und fernen Himmelsviertel, war es noch nicht
> schon wieder der neue Tag in der Küche. Aber es würde kommen,
> Watt wußte, daß es kommen würde, mit Geduld würde es kommen, nach und nach, ob es ihm paßte oder nicht, über die Mauer
> des kleinen Hofs und durch das Fenster, zuerst das Grau, dann die
> helleren Farben, eine nach der anderen, bis gegen neun Uhr vormittags all das Gold und Weiß und Blau die Küche erfüllen würde,
> all das unbeschmutzte Licht des neuen Tages, des neuen Tages
> endlich, des noch nie dagewesenen Tages endlich. (S. 66/67)

Die zweite Stelle lautet:

> The road lay still, at this hour, leaden, deserted, between its
> hedges, and its ditches. From one of these latter a goat emerged,
> dragging its pale and chain. The goat hesitated, in the middle of
> the road, then turned away. The clatter came fainter and fainter,
> down the still air, and came still faintly when the pale had disappeared, beyond the rise. The trembling sea could not but be admired. The leaves quivered, or gave the impression of doing so,
> and the grass also, beneath the drops, or beads, of aily expiring
> dew. (S. 245)

In der deutschen Übersetzung:

> Die Straße lag zu dieser Stunde still, bleiern und verlassen zwischen ihren Hecken und Gräben. Aus einem dieser letzteren tauchte eine Ziege auf, Pflock und Kette hinter sich herschleppend. Die Ziege zögerte mitten auf der Straße, dann zog sie davon. Das Klirren drang immer leiser durch die stille Luft herab, und es wurde noch leiser, als der Pflock jenseits der Bodenwelle verschwunden war. Die bebende See konnte man nur bewundern. Die Blätter zitterten oder sahen so aus, als ob sie zitterten, die Gräser auch, unter den Tropfen oder Perlen lustvoll sich opfernden Taus. (S. 261)

Die beiden hier auch in deutscher Übersetzung wiedergegebenen Textstellen zeigen, wie poetische Stimmung durchaus von einer Sprache zur anderen übertragen werden kann. In beiden Sprachen ist der lyrisch-romantische Klang dieser Passagen auffallend. Im Ganzen betrachtet ist Becketts Stil alles andere als „romantisch". Doch gibt es gelegentlich Anflüge, die daran erinnern, vor allem wenn Beckett ausnahmsweise Naturstimmungen wie hier wiedergibt. Meist haben diese Stimmungsbilder einen melancholischen Klang. Ich bezweifle, ob L. E. Harvey[93] recht hat, wenn er schreibt:

> If Beckett has a romantic side, it surely appears most clearly in the melancholy that accompanies the numerous manifestations of nothingness...

Gerade dann, meine ich, trifft W. Isers Beschreibung zu, daß Beckett am liebsten nüchtern denotiert, d. h. eine reine Objektsprache verwendet. Die Poesie tritt erst an den Tag, wenn das Nichts durchschritten ist. In diesem Sinne können auch Denotationen, wenn man sie umzusetzen versteht, zur Poesie des Gesamtwerks beitragen. Es ist vor allem dieses Stilelement, das einerseits den Realitätscharakter Beckettscher Texte ausmacht, andererseits den Texten einen zarten, unterkühlten poetischen Glanz verleiht.

---

[93] Harrey, L. E.: "Samuel Beckett – initation du poéte" in: *Samuel Beckett – Configuration critique,* (ed) M. J. Friedman (Paris 1964), S. 153

2. Das Verhältnis der vier Teile zueinander

Zu Beginn des IV. Teils heißt es:

> As Watt told the beginning of his story, not first, but second, so not fourth, but third, now he told its end. Two, one, four, three, that was the order in which Watt told his story. (S. 214)

Zunächst mag man auf die Idee kommen, der Autor habe seinen Roman in dieser Reihenfolge niedergeschrieben. Auf jeden Fall verblüfft diese Beschreibung der Gliederung des Romans. Im Grunde genommen ist sie jedoch nicht Ausdruck für ein Verwirr-Spiel, wie es Beckett gelegentlich liebt, auch ist es keine bloß witzige Verdrehung der Chronologie der vier Teile des Romans. Diese Umstellung der vier Teile gibt zu denken, sie ist aufschlußreich.

Watts *eigentliche* Geschichte spielt sich im Hause Mr. Knotts ab, d. h. in Teil Zwei und Drei. So kann man verstehen, wenn hier gesagt wird, Watt begann „zweitens". Auch ist es sehr wahrscheinlich, daß der dritte Teil ans Ende gehört, weil die darin geschilderten Erlebnisse Watts sozusagen *Ziel* des ganzen Unternehmens sind.

Teil I beschreibt andererseits *nur das Erscheinen* Watts, seinen Weg zu Mr. Knotts Haus und gibt eine Vorschau auf Teil II und III durch Arsenes „Erklärung", der gerade dabei ist, das Haus zu verlassen. In ganz ähnlicher Art ist Watt dabei, Mr. Knotts Haus *zu verlassen,* wenn Teil IV beginnt, Eins und Vier schließen innerlich also aneinander an, spielen sozusagen auf der gleichen Erlebnisebene. Die Teile I und IV stehen durch die Änderung der Reihenfolge (in II, I, IV, III) nun hintereinander.

Teil II und III folgen zwar chronologisch aufeinander, hier jedoch sind sie an den Anfang und ans Ende gerückt. Sie entsprechen sich spiegelbildlich, sind aufeinander bezogene Größen. Auch sie sind qualitativ gleich, sie folgen einander allerdings nur, wenn man sich den Kreis geschlossen vorstellt.

So gesehen ergeben die vier Teile tatsächlich auch in der hier zur Debatte stehenden Reihung: zwei, eins, vier, drei, eine sinnvolle Ordnung. Es folgt Teil IV dem Teil I; Beginn und Ende bilden Teil II und Teil III, sie verhalten sich wie

Bild zu Spiegelbild. Setzt man diese „absurde Ordnung" jedoch als *gegeben* voraus, dann liest sich der erste Satz wiederum normal und gibt die tatsächliche Reihenfolge wieder: Watt begann seine Erzählung zweitens, d. h. mit Teil I. Das Ende erzählt er drittens, d. h. mit Teil IV. Äußerlich ist das sogar richtig; innerlich stimmt aber die „verdrehte Ordnung" durchaus auch, weil sie den qualitativ unterschiedlichen Erzähl- bzw. Erlebnis-Ebenen entspricht.[94]

3. Teil II und Teil III

Es kann davon ausgegangen werden, daß das, was von Watt aus dem Haus und Park von Mr. Knott berichtet wird, etwas qualitativ anderes ist, als was über Watt berichtet wird, solange er sich außerhalb derselben aufhält. Betrachtet man den Handlungsablauf aufgrund der geänderten Strukturverhältnisse, dann werden manche Ungereimtheiten und die Inversionen plötzlich verständlich. Deshalb beginne ich mit dem Zweiten Teil (als dem „eigentlichen" Beginn) und schließe daran das „eigentliche Ende", den Teil III, an.

Wenn man unterstellt, was zunächst eine Hypothese ist, daß Mr. Knotts Haus und Park anderswo, d. h. in einer anderen Welt, in einem anderen Seinsbereich, zu suchen sind, dann wundert man sich nicht, wenn man im ersten Abschnitt von Watts Hoffnung erfährt, er würde einst unmittelbar mit Mr. Knott zusammenkommen, so wie Arsene, der das Haus gerade verlassen hat, mit ihm zusammen gewesen sein mochte, und wie Erskine (der jetzt aufgerückt ist) wohl jetzt mit ihm zusammen sein dürfte. Mr. Knott wird, worauf ich bei der Schilderung des Handlungsverlaufs bereits hingewiesen habe, als „Herr", als Meister (maître) gekennzeichnet.

---

94 Die Aufbrechung der zeitlichen Abfolge wird durch diese „Neuordnung" zu Beginn des vierten Teils von WATT noch einmal deutlich. Eine *qualitative* Ordnung ersetzt die lineare Abfolge von Ereignissen. Vor Beckett war der Bruch mit der Uhrzeit subjektiv begründet im Sinne der "stream of consciousness technique". Beispiele für diese subjektiven Assoziationen, die in der Tat unabhängig von der linearen Zeitstruktur sind, sind seit Sterne bei Proust, Joyce, V. Woolf, A. Huxley und H. James zu finden. Man kann darin auch eine über das Subjektive hinausgehende Notwendigkeit erkennen (siehe Abschnitt C, 5).

Manches an dieser Erwartungshaltung gegenüber dem unbekannten Mr. Knott erinnert an *En attendant Godot*. Der Unterschied besteht nur darin, daß im weiteren Verlauf dieser „Godot", d. h. Mr. Knott, trotz seiner beibehaltenen Unnahbarkeit, wenigstens in Form „anthropomorpher" Vorstellungen „sichtbar" wird, während der richtige Godot (des Dramas) unsichtbar bleibt und nur den Jungen, seinen Boten, schickt.

Ferner fiel bereits auf, daß in Mr. Knotts Reich eine streng hierarchische Ordnung herrscht: die Diener rücken jeweils auf, wenn einer das Haus verläßt, weil seine Zeit abgelaufen ist und ein Neuer Zutritt erhält. So folgen einander viele „Generationen". Einige Namen der Vorgänger werden genannt (Vincent, Walter, Arsene, Erskine – ihm folgt Watt – dem folgt später Arthur, schließlich Micks). Auch hält der Meister Abstand, läßt sich bedienen. Alles dreht sich im Grunde genommen um ihn, obgleich er die meiste Zeit unsichtbar bleibt. Besucher von außen sind selten.

Wie ist nun diese „andere Welt" in Mr. Knotts Haus beschaffen? Da ist zunächst die Geschichte mit den Galls, Vater und Sohn, die kommen, um den defekten Flügel zu stimmen. Was an der Art der Betrachtung interessiert, wird nach Beendigung dieses merkwürdigen Besuchs erklärt, und das wirft ein bezeichnendes Licht auf die geänderte Seinsweise, auf die hier vorherrschende Denk- und Erlebnisart.

Zunächst fällt auf, daß entgegen der Erwartung nicht der blinde Klavierstimmer, der Vater, sondern der Sohn die Arbeit verrichtet, es erscheint daher unlogisch, daß der Alte überhaupt mitkommt. Es vollzieht sich aber außerdem ein radikaler Bedeutungswandel, der darin besteht, daß Ereignisse nicht nur so lange sie *da sind* etwas bedeuten, sondern auch im Nachhinein. Außerdem sind sie nur Anlaß, nicht Selbstzweck, diese Ereignisse, d. h. sie tragen Bildcharakter, weisen auf etwas anderes hin, als was sie vordergründig zu sein scheinen. Die ganze Ausdrucksweise ist darauf abgestellt, dies zu zeigen.

So gleicht dieser Besuch der Galls, der als ein *Hauptzwischenfall* bezeichnet wird, allen anderen „bemerkenswerten Zwischenfällen", die sich während Watts Aufenthalt in Mr. Knotts Haus ereignen.

> It resembled them in the sense that it was not ended, when it was past, but continued to unfold, in Watt's head ... according to the irrevocable caprice of its taking place (S. 69)

Der entscheidende Satz in dieser Bedeutungs-Beziehung der Ereignisse, zumindest Watt gegenüber, lautet:

> This fragility of the outer meaning had a bad effect on Watt, for it caused him to seek for another, for some meaning of what had passed, in the image of how it had passed. (S. 70)

Dieser Satz erinnert an Goethes Ausspruch: „Das Was bedenke, mehr bedenke Wie", hier allerdings in einem erkenntnistheoretischen Sinne gemeint, nicht im Hinblick auf irgendein Verhalten im psychologischen Bereich.

Die Form der Darstellung trägt diesem Sachverhalt Rechnung. Was an Ereignissen Watt auch begegnet, alles was in Mr. Knotts Haus und Umgebung geschieht, trägt diesen Hinweis- oder Bildcharakter, ist nicht allein das, *was* gerade passiert, ist nicht Selbstzweck. Wie es passiert, gibt Anlaß zu Reflexionen, provoziert Erinnerungen usw. An dem merkwürdigen Besuch der Galls wird das nur exemplifiziert:

> The incident of the Galls, on the contrary, ceased so rapidly to have even the paltry significance of two men, come to tune a piano, and tuning it, and exchanging a few words, as men will do, and going, that this seemed rather to belong to some story heard long before ... (S. 71)

Watt wußte also oft nicht, *was* geschehen war, aber er verspürte das Bedürfnis zu denken, daß dies und das und warum dies und das damals geschehen war, er sagte sich: „Ja, ich erinnere mich, das ist es, was damals geschah." Dieses Bedürfnis hatte Watt unablässig während des größten Teils seines Aufenthalts in Mr. Knotts Haus, wird gesagt.

Es wird auch (mit Recht) vermutet, daß außerhalb Mr. Knotts Haus und Anwesen solche Zwischenfälle unbekannt waren. Doch Watt mochte sie nicht einfach als Spiele gelten lassen die „die Zeit mit dem Raum" spielt.

> Add to this the notorious difficulty of recapturing, at will, modes of feeling peculiar to a certain time, and to a certain place, and perhaps also to a certain state of the health, when the time is past,

and the place left, and the body struggling with quite a new situation ...
Add to this the scant aptitude to give of him to whom they were committed. And some idea will be obtained of the difficulties experienced in formulating, not only such matters as those here in question, but *the entire body of Watt's experience,* from the moment of his entering Mr. Knott's establishment to the moment of his leaving it. (S. 72)

Immer wieder sind es die Klagen, die den Leser auf die geänderte Bewußtseinslage hinweisen. Watt hat nicht nur Probleme mit der Wahrnehmung dessen, was geschieht, er hat auch Schwierigkeiten, sich verständlich auszudrücken. Watt spricht mit leiser, schneller Stimme, seine Syntax ist absonderlich. Es ist das Erkennen aus dem Nichts, das diese Schwierigkeiten verursacht.

Der Leser muß begreifen und lernen, die geschilderten „Zwischenfälle" so zu lesen, wie sie gemeint sind: als Anlässe zu Reflexionen, als in ihrer Realität *bildhafte* Entwürfe, die erst etwas sind, sobald wir ihnen die richtige Bedeutung beimessen, sobald wir uns auf ihren Charakter einlassen und ihn dadurch verstehen. Es kommt zu einem „Seinsverlust", an den sich Watt allerdings langsam gewöhnt. Gegen die Entfremdung sucht er verzweifelt nach einer Bestätigung seiner selbst. Durch Aufmerksamkeit versucht er, sich ein neues Wahrnehmungsvermögen zu erwerben, um sich in der neuen Welt orientieren zu können.

Ein Ausdruck solcher Bemühungen sind die sogenannten Serien, die auch die Vergeblichkeit logischer Bemühungen demonstrieren. R. Breuer[95] unterscheidet bei Beckett vier mathematische Typen solcher „Spiele": (1) die Menge (rhetorisch würde man hier von *Enumeration, Katalog* oder *Liste* sprechen); (2) die Folge; (3) die Kombination und (4) die Permutation. Außerdem gibt es Mischformen dieser stilbildenden seriellen bzw. kombinatorischen Textabschnitte.

Diese scheinlogischen Exzesse darf man nicht mit blumigen Abirrungen verwechseln, dann würde man ihre Funktion

---

[95] *Die Kunst der Paradoxie,* a.a.O., S. 65. (Vgl. hierzu auch die Arbeiten von F. Martel und J. J. Mood.)

unterschätzen. Es sind auch keine dichterischen Ergüsse, die die Seiten füllen und formale Fertigkeit beweisen. Sie sind viel eher Ausdruck einer unendlichen Bemühung, Klarheit zu gewinnen, den äußeren, vordergründigen „Sinn" loszuwerden. Wie ermüdende Rechenaufgaben haben sie auch einen erzieherischen Effekt: man schult sein Denkvermögen. Die Aufgaben als solche sind belanglos gegenüber dieser Schulung unseres gedanklichen Durchhaltevermögens. Der Sinn liegt auch hier vor allem im Wie, nicht so sehr im Was.

Dieses formale Vorgehen füllt viele Seiten des Buches und macht den Hauptteil des Teils II aus: nach dem Topf ist es die Nahrung, nach der Nahrung die Restebeseitigung durch die Hunde, dann die Familie Lynch mit all ihren absurden Lebenszusammenhängen und ihrer Aufgabe, Hunde für die Restebeseitigung bereitzustellen.[96]

Wenn dann über Erskines Verhalten berichtet wird, der unruhig treppauf und treppab hastet, werden auch die Worte hastig. Bei der „Serie" über die Klingel in Erskines Zimmer wird vollends klar, daß man erst recht „von Sinnen" ist, wenn man sich in dieser oberen Region aufhält. Um zu größerer Klarheit zu gelangen, beschließt Watt in Erskines Zimmer, in das er ohnehin aufrücken wird, wenn Erskines Zeit abgelaufen ist, schon einmal einzubrechen. Folgende Stelle schildert dieses Problem Watts, der die Bedeutung zu fassen sucht von dem, *was* er erlebt:

> Watt did not care to enquire in so many words into the meaning of all this, for he said, All this will be revealed to Watt, in due time ... (S. 117)

Zur eigenen Bemühung kommt die Offenbarung hinzu ... zur rechten Zeit, im rechten Augenblick. Trotzdem möchte er nicht warten, weil er neugierig ist. Er will der Beziehung Erskines zu Mr. Knott auf die Spur kommen, deshalb bricht er in dessen Zimmer ein.

---

96 Der Name "Lynch" für die nach tausendjähriger Existenz strebende Familie ist sicher kein zufälliger. R. Breuer (vgl. Fußnote auf S. 62 seines Buches) schreibt ihm eine ironische Beziehung zum Naziregime und seinen Paladinen zu.

In Erskines Zimmer findet Watt zwar nur eine kaputte Klingel, dafür aber wiederum ein „Bild", dessen Sinn noch zu besprechen sein wird. Wo die Worte versagen, müssen Bilder „erklären", was gemeint ist.

Die Akausalität der Beziehungen zwischen den Ereignissen wird an einer weiteren „Serie" deutlich gemacht, die sich mit den Bediensteten Mr. Knotts befaßt (Tom, Dick, Harry usw.). Keiner hängt vom anderen direkt ab, jeder ist nur er selbst. Mr. Knott wird hier zwar als Hafen, als „Zufluchtsort" bezeichnet, doch herrscht ein sprachliches (wenn auch kunstvolles) Durcheinander von Worten, bis aller platter Sinn verwirrt, vergessen ist, und das mathematische Wortspiel eines „Froschkonzertes" schon etwas „Klarheit" bedeutet.

Watt fand denn auch, nachdem er diese „Blechbüchse" mit seiner Lötlampe geöffnet hatte, daß sie leer war, d. h. es war hier eine Art Büchse der Pandora aufgemacht worden, aus der nichts als Wörter herausströmten, deren Identität verloren war.

Es folgen zwei Episoden, die zur Spekulation förmlich anregen: es werden die Beziehung Watts zur Fischfrau und die Rolle des Gärtners beschrieben. Was haben sie zu bedeuten? "The fishwoman pleased Watt greatly" (S. 137). Jeden Donnerstag kommt sie zu Watt und sie „lieben" sich in grotesker Weise, indem sie abwechselnd einer auf des andern Schoß sitzen. Ihr Name ist Mrs. Gorman. "Mrs. Gorman had had several admirers, both before and after Mr. Gorman, and even during Mr. Gorman ..." (S. 137)

Die Liebesbeziehung Watts zu Mrs. Gorman, der Fischfrau, ist aberwitzig und als Parodie auf das Sexualleben von Mann und Frau anzusehen. Mit dieser Szene wird auf die vergebliche Liebesmüh hingewiesen, neues Leben zu zeugen. Der sonst unbegreifliche Name "fishwoman", der zugleich an *schleimig-glitschig* und *kalt* erinnert, scheint dies zu unterstreichen. Die jeden Donnerstag stattfindende Begegnung führt zu nichts: "For Watt had not the strength, and Mrs. Gorman had not the time, indispensable to even the most perfunctory coalescence." (S. 140)

Mr. Graves kam viermal täglich zur Hintertür. Morgens holte er den Schlüssel für den Schuppen, mittags eine Kanne Tee, nachmittags eine Flasche Stout und abends brachte er den Schlüssel zurück. Er gehört also zum Personal des Anwesens, wird als Gärtner bezeichnet, trägt aber auch eine Melone, die er devot abnimmt, „selbst im Freien", wie es heißt. Er taucht nicht nur an dieser Stelle auf, sondern immer wieder einmal. Mit seiner Frau versteht er sich seit langem nicht mehr. Er wußte über Mr. Knott und alle seine Diener Bescheid und hatte viel über sie zu erzählen, aber nichts Interessantes! Schon sein Vater und dessen Vater usw. hatten für Mr. Knott gearbeitet. Seine Familie, sagt er, hätte den Garten zu dem gemacht, was er sei.

Wenn man sich mit diesem merkwürdigen Gärtner befaßt, kann man sich des Eindrucks nicht erwehren, es handele sich bei ihm eigentlich um den Totengräber. Sein Name „Graves" bestätigt diese Annahme.

Watt steigt in der „hierarchisch" gegliederten Welt auf. Er hat im Untergeschoß zu dienen begonnen. Dann kommt der Moment, wo der Gärtner ihn den „Herren" zurechnet: "This was the first time that Watt had been assimilated to the class of young gentlemen." (S. 142) Vor Ende des Teils II wird erwähnt, daß Watt gelegentlich Mr. Knott "in the vestibule" oder im Garten begegnet, auch wenn dies nur flüchtig der Fall ist. Manchmal sah er ihn schlafend. Er wußte nicht, ob er sich darüber freuen oder traurig sein sollte, daß er ihn so selten sah.

Der Charakter des Unentschiedenen, des Unentscheidbaren, beherrscht den ganzen Zweiten Teil. Zum Schluß bleibt sogar die Frage offen, ob Watt im Untergeschoß überhaupt viel gelernt hat oder nicht. Als Arthur eintrifft und Erskine die Treppe herunterkommt, weiß Watt, daß es Zeit für ihn ist, in die erste Etage hinaufzugehen.

Zur Struktur des Dritten Teils von WATT und zu dessen Besonderheit ist schon festgestellt worden, daß dieser sich anscheinend nicht nahtlos an den Zweiten Teil des Romans fügt. Hier liegt ein Bruch vor. Nimmt man jedoch ernst, was über die Äußerlichkeit des *wörtlichen Sinns* bisher gesagt worden ist, nämlich, daß Worte immer nur *annäherungsweise* auszudrücken vermögen, was *eigentlich* gemeint ist, dann wird man erkennen, wohin Watt gelangt ist.

Watt ist tatsächlich aufgestiegen in das „Obergeschoß" von Mr. Knotts Haus, auch wenn von einem Umzug „in einen anderen *Pavillon*" berichtet wird. Was heißt Umzug in ein anderes Haus, eine andere Behausung? Trennung vom Bisherigen oder sogar „Sinneswandel". Es stellt sich sehr schnell heraus, daß Watt nicht mehr Watt allein ist, er hat jetzt einen „Partner": Sam. Dieser Sam ist wie ein komplementäres Bewußtsein von Watt. Dieses Bewußtsein erhält seine Informationen weiterhin durch Watt; aber es hat sich von ihm getrennt, ist von ihm losgelöst. Diese „Abspaltung" wirkt wie eine Schizophrenie, sie ist es dennoch nicht, weil die Spaltung nicht krankhaft ist; sie wird beherrscht, kann jederzeit überwunden, rückgängig gemacht werden, wie dies auch tatsächlich geschieht. Hier ist niemand ein Opfer. Dennoch besteht kein Zweifel, daß dieser Bewußtseinszustand dem eines Irrsinnigen oder Wahnwitzigen ähnelt. Darauf ist schon bei der Schilderung des Handlungsverlaufs hingewiesen worden. Die Spaltung in „zwei Bewußtseinsbereiche" (Watt und Sam) findet in der Wahl der Bildelemente einen adäquaten Ausdruck: jeder hat hier seinen eigenen kleinen umzäunten Park, sein Bewußtseins-Umfeld, auch wenn die Bewegungsarten darin unterschiedlich sind. Der Zaun hat Löcher, die sind nicht leicht entstanden (nur durch Ungestüm), es gibt trennende Flüßchen, aber auch Brücken, die man „reparieren" kann. Der Zaun ist stachelig und verletzt Watt. Es hat sich damit herausgestellt, daß das „Obergeschoß" im Hause Mr. Knotts viel komplizierter ist, als zunächst erwartet werden konnte.

Was für diesen Teil III so charakteristisch ist, ist die Fortbewegungsart Watts. Was hier sprachlich geleistet wird, muß wegen seiner besonderen Bedeutung im Einzelnen dargestellt werden. „Fortbewegen" ist hier „geistiges Sich-Fortbewegen", und insofern gehört das Rückwärts-Sprechen (dem selbstverständlich ein Rückwärtsdenken entspricht) dazu. Im übrigen liegen die Fähigkeiten des Sich-Bewegens und Denkens gar nicht so weit auseinander. Ältere Kulturen haben Gebrauch von dem Zusammenhang von Körperbewegung und geistiger Aktivität gemacht. Tanz-Gesang-Sprache hängen miteinander zusammen. Beckett weist in *En attendant Godot* scherzhaft darauf hin, was darauf deutet, daß er diesen Zusammenhang überblickt[97].

Das Rückwärts*gehen* ist also nur ein anderes Bild für Rückwärts*sprechen;* dies deutet wiederum auf ein Rückwärtsablaufen des Denkprozesses hin. Dieser andersartige Ablauf der Denkrichtung — spiegelverkehrt zum logischen „Geradeausdenken" — kann erübt werden. Er wird in der Tat schrittweise in der oberen Etage von Mr. Knotts Haus vorgeführt, geübt.

Dieser „Szenenwechsel" wird zu Anfang des Dritten Teils vorbereitet: zunächst durch den „Brückenbau" zwischen Watt und Sam mit der darauffolgenden Kontaktnahme (auf der Brücke liegend). Im weiteren sind es allerdings „Löcher", die die gleiche Kommunikation ermöglichen. Diese ist schwierig. Watt hängt zunächst im Stacheldraht (wie ein Gekreuzigter), nachdem er rückwärts auf Sam zugekrochen war. („Wie" ein Irrsinniger, "like a mad creature", (S. 156) fühlt sich Sam als er das sieht). An dieser Stelle des Textes tritt die erste Umkehrung der Wortfolge im Satz auf: Watt antwortet auf Sams Anruf: "Not it is, yes", was richtig herum gelesen: "Yes, is it not" heißt. (S. 157) Dieser kurze Satz bereitet Sam Angst und Pein und dieser Eindruck wird sofort verstärkt durch einen weiteren umgekehrten Satz: "Wonder I, pankyhanky me lend you could, blood away wipe." (S. 157)

Der Inversions-, der Umstülpungsprozeß, hat damit begonnen. Alles ist in dieser Region anders als im normalen Dasein, die logische Abfolge ist auf den Kopf gestellt[98]. Sam, der sich

---

97 Vgl. *En attendant Godot,* Suhrkamp TB (dreisprachig) st 1 (Frankfurt a. M. 1979), S. 102: Estragon: «Il pourrait peut-être danser d'abord et penser ensuite? Si ce n'est pas trop pour lui demander.» Und Pozzo antwortet: «Mais certainement, rien de plus facile. C'est d'ailleurs l'ordre naturel.» Die sprachliche Verwandtschaft von „agitare" und „cogitare" im Lateinischen könnte evtl. auf den gleichen Zusammenhang von bewegen und denken deuten.

98 In Eugène Ionescos *Le piéton de l'air* werden ähnliche Verhältnisse geschildert, vgl. Büttner, G.: *Absurdes Theater und* Bewußtseinswandel (Berlin 1968), S. 132ff.

Gedanken macht, wie es dazu kam, denkt auch über die Entstehung solcher „Löcher" nach (Serie über das Ungestüm von „Tieren" oder das ungestüme „Wetter"): "... where now I stood, trying to understand." (S. 160) Er sieht Watt, der auf sein Rufen wieder erscheint, die Hose verkehrt herum an und rückwärtsgehend. Er zieht Watt zu sich herüber, und die beiden vereinigen sich in der bereits geschilderten Weise, Watt rückwärts, Sam vorwärts marschierend. "As Watt walked, so now he talked, back to front." (S. 162)

Es folgen Beispiele von "Watts Stil" in jener Phase. Dadurch, daß Watt die Texte rückwärts spricht, erscheint dem normalen Leser der Text natürlich unverständlich. Erst wenn man sie tatsächlich von hinten nach vorn liest, was einfach ist, solange es sich nur um die Umkehr der *Wortfolge* handelt, kommt man dahinter, daß es sich hier um „Aussagen" von Bedeutung handelt, die irgendwie zur Situation passen. Das erste Beispiel dieser Art zu sprechen beginnt: "Day of most, night of part, Knott with now ..." (S. 162) und endet mit "Hush in, mist in, moved I so."

Liest man den Text umgekehrt, dann bekommt er einen auf die Situation Watts bezüglichen Sinn. Er beschreibt, wie Watt im Licht- und Lautlosen geht, Augen und Ohren versagen. Es ist still und trüb, er hört und sieht zwar dies und das, aber es ist sehr wenig, was er bis zur Stunde aufnehmen konnte. Mit Mr. Knott ist er einen Teil der Nacht und viel vom Tag beisammen. Die Inversion wird noch „vollkommener" werden. Anfangs sind diese Worte für Sam bedeutungslos, obwohl er „Auge in Auge" mit Watt spaziert.

Es folgt dann die Umkehrung der Buchstaben. Der Text auf S. 163 heißt (transportiert): "To orb, blur pale, dark bulk. To drum, low puff, low puff. To skin, gross mass, gross mass. To smell, stale smell. To tongue, tart sweat, tart sweat." Für „Auge" (eye) steht hier poetisch "orb", Augapfel; blur = Fleck; bulk = Masse. "Drum" (= Trommelfell) steht natürlich für „Ohr"; puff = Hauch; stale = fade, schal, abgestanden; tart = sauer, beißend. Die Orthografie ist gleichfalls stark abgewandelt, vereinfacht. So wird das "a" bei swe*a*t eingespart und für "tongue" steht überhaupt nur "tung" bzw. umgekehrt: "gnut". Das macht das Lesen schwierig.

Zwischen den ersten beiden „Beispielen" steht folgender Satz:

> Thus I missed I suppose much I suspect of great interest touching I presume the first or initial stage of the second or closing period of Watt's stay in Mr. Knotts house. (S. 163)

Auf das zweite, schon angeführte ‚Beispiel' folgt dieser Satz:

> Thus I missed I suppose much I presume of great interest touching I suspect the second stage of the second or closing period of Watt's stay in Mr. Knott's house. (S. 163)

Die zweite oder Endphase, das ist der Aufenthalt Watts im Obergeschoß des Hauses, d. h. betrifft die Erlebnisse im Teil III (während der Spaltung von Watt und Sam). Es wird hier von „Anfangsstadium" oder erstem, dann vom zweiten Stadium dieser Endphase gesprochen, was unmittelbar seinen Ausdruck in der komplizierter werdenden Inversion findet. Es folgen nach weiteren Beispielen abermals entsprechende Hinweise auf den stufenweisen Fortgang der Entwicklung.

Zunächst verkehren sich die Sätze in der Periode: "Of Nought. To the source. To the teacher. ...", geordnet liest sich der Absatz dann:

> Abandoned my little to find him. My little to learn him forgot. My little rejected to have him. To love him my little reviled. This body homeless. This mind ignoring. These emptied hands. This emptied heart. To him I brought. To the temple. To the teacher. To the source. Of Nought. (S. 164)

Watt gab sein „Weniges" auf, um ihn (Knott!) zu finden, ihn zu erfahren, zu bekommen. Er verschmähte dieses sein Weniges, um ihn zu lieben. Diesen elenden Körper, diesen unwissenden Geist, diese entleerten Hände und das entleerte Herz. All das brachte Watt zu ihm, *zum Tempel, zum Lehrer, zur Quelle des Nichts.* Wendet man das so Rätselhafte und „Verkehrte", dann ergibt sich in Bezug auf Watts Situation ein erstaunlicher Text.

Nach dieser Aussage über die *Quelle des Nichts,* die (im Dritten Teil = Obergeschoß des Hauses) wie eine Klimax wirkt, kommt es zwar noch zu weiteren Verwirrungen, doch hat Watt damit bereits den Höhepunkt seiner Erfahrungen mit Mr. Knott erreicht. Von hier aus flaut die Erkenntnisdynamik der Handlung langsam wieder ab und am Ende des Kapitels wird der Leser wieder zu einer dem Beginn ähnelnden, wenn auch nicht gleichen Situation zurückgeführt. Wie in allen vier Teilen ist auch hier eine Wellenbewegung zu konstatieren.

Es kommt zunächst noch zu einer weiteren Verwirrung durch eine Umkehr der Wörter im Satz und der Buchstaben im Wort: "Deen did taw? Tonk. Tog da taw ..." (S. 164) Umgestellt: "What did need? Knott. What had got? Knott. Was cup full? Pah! But did need? Perhaps not. But had got? Know not." (Diese „Richtigstellung" erfolgt unter sinngemäßer Ergänzung der Rechtschreibung.) Watt hat „Knott" bekommen, was Not tat. War der Kelch nun voll? Das ist die Frage. Er weiß im Grunde genommen nicht, was er bekommen hat. Watt entging auch viel von der vierten Phase seines Aufenthaltes in Mr. Knotts Anwesen.

Der nächste Text ist gekennzeichnet durch eine Umkehr der Wörter im Satz gleichzeitig mit der der Sätze in der Periode. Man muß jetzt diesen Text Wort für Wort rückwärtslesen. Dabei entschlüsselt man einen Text, der denjenigen, der meint noch mehr Mysteriöses über Mr. Knott zu erfahren, enttäuschen wird. Aber Mr. Knott verweigert sich jetzt offenbar *total*. Nichts ist ihm recht zu machen. Der korrigierte Abschnitt liest sich so:

> Shave he'd say. When had got things ready to shave, the bowl, the brush, the powder, the razor, the soap, the sponge, the towel, the water, No he'd say. Wash, he'd say. When had got things ready to wash, the basin, the brush, the glove, the salts, the soap, the sponge, the towel, the water, No, he'd say. Dress, he'd say. When had got things ready to dress, the coat, the drawers, the shirt, the shoes, the socks, the trousers, the vest, the waistcoat, No he'd say. (S. 165)

Nachdem ihm auch das fünfte Stadium der Zeit im Obergeschoß des Hauses verging und er sich daran gewöhnt hatte, heißt es (im Klartext):

> So lived, for time. Not sad, not gay. Not awake, not asleep. Not alive, not dead. Not body, not spirit. Not Watt, not Knott, Daylight came, to go.

Der ursprüngliche Text ist nahezu unleserlich: "Lit yad mac, ot og. Ton taw, ton tok. Ton dob, ton trips. Ton vila, ton deda. Ton kawa, ton pelsa. Ton das, don yag. Os devil, rof mit."

Der letzte Umkehrvorgang ist noch vollständiger. Watt beginnt die Reihenfolge der Buchstaben im Wort gleichzeitig mit der der Wörter im Satz, gleichzeitig mit der der Sätze in der Periode umzustellen, das sieht sich so an: "Dis yb dis, nem owt. Yad la, tin fo trap ..."
Umgestellt:

> Side by side, two men. All day, part of night. Dumb numb, blind. Knott looks at Watt. No. Watt looks at Knott. No. Watt talks to Knott? No. Knott talks to Watt? No. Watt then did us do? Nix, nix, nix. Part of night, all day. Two men, side by side. (S. 166)

(Erhebliche Korrektur der Rechtschreibung ist nötig, um den Text lesbar zu machen).

Diese Stelle bezieht sich auf Sam und Watt, die "side by side" durch Mr. Knotts Anwesen marschieren, d. h. eng umschlungen, der eine vorwärts, der andere rückwärts schreitend. Da man auch vermuten könnte, daß sich diese Passage auf Watt und Knott bezieht, habe ich den Autor danach gefragt und er hat mir bestätigt, daß es sich tatsächlich um Watt und Sam handelt[99].

Sam brauchte eine Weile, um sich daran zu gewöhnen, was man sich leicht vorstellen kann. So entging ihm „viel Hochinteressantes" auch während des siebten Stadiums der Endphase in Mr. Knotts Haus.

Das ist aber noch nicht das Ende. Jetzt wechselt Watt in kurzem Ablauf einer und derselben Periode bald die Wörter im Satz und die Buchstaben im Wort, bald die Sätze und die Buchstaben usw. aus, so daß diese Laute seinem Partner Sam „gälisch" vorkommen. So entging ihm auch vieles vom achten Stadium.

---

99 Brief von Beckett vom 12. 4. 1978 aus Paris.

Übrig bleibt schließlich nur noch eine Reihe von Fragezeichen. Obwohl Sam sich an diese Laute zu gewöhnen begann, ließ nun sein Gehör selbst nach, eine Gelegenheit zu bemerken: "... though my myopia remained stationary." (S. 167) Das Thema „rückwärts" zu denken und zu sprechen bzw. zu hören (denn Sam hört Watt diese Worte sagen) ist damit abgehandelt. Das Ergebnis allerdings ist für Sam nicht befriedigend. Immerhin: "My purely mental faculties ... were if possible more vigorous than ever." (S. 167)

Die Handlung macht nun wieder eine Wendung, es folgt die Szene im Garten, wo Mr. Knott, Watt, Arthur (Watts Nachfolger in der unteren Etage) und der Gärtner, Mr. Graves, zusammen sind. Von Watt wird berichtet, daß er auf einem *Erdhügel* saß, während Mr. Knott hin und her wandelte, hinter einem Strauch verschwand und wieder auftauchte. Ohne daß dies ausdrücklich erwähnt würde, muß Mr. Knott dann auf einen *Baum,* von dem er später wieder herabsteigt, entschwunden sein.

Arthur benutzt dieses Beisammensein, *seine* Geschichte zu erzählen, sie umfaßt über 28 Seiten und nimmt damit auch als Berichts- bzw. Lesezeit einen erheblichen „Zeitraum" in Anspruch. Da Arthur erst kürzlich in Mr. Knotts Anwesen gekommen ist, wie einst Watt, ist es wohl richtig in seiner „Erzählung" einen Rückblick bzw. eine *Rückschau* auf dessen vorausgegangene Lebenserfahrungen zu sehen. Immerhin aber wird diese Rückerinnerung aus der Perspektive von Mr. Knotts Garten gegeben. Watt hört aufmerksam zu, ist jedoch froh, als Arthur „genug" von seiner Geschichte hat. Diese Geschichte wird witzig eingeleitet mit einem Hinweis auf "Bando" (im deutschen Text heißt es „Fixo") – ein Allerwelts- Gesundheitsmittel, das Arthur mit Erfolg angewandt hatte. Inhaltlich geht es lange um eine Art Abrechnung, z.B. mit dem Unfug, daß jeder jeden anblicken muß. Formal handelt es sich um eine der ausgedehntesten „Serien".

Diese Szene ist interessant in Bezug auf die Anordnung der Personen. Watt hört Arthurs Bericht auf einem Hügel sitzend an, während Mr. Knott auf jenem Baum Platz genommen hat, der einen an die Weltenesche der germanischen Mythologie (mit Namen Yggdrasil) erinnert. Das Begreifen dieser Rückschau auf Arthurs Leben ist demnach „standortabhängig", so jedenfalls könnte man dies deuten. Arthur seinerseits hat seine „Geschichte" (sein Leben?) nicht nur aus Müdigkeit beendet, wie gesagt wird, sondern auch aus Verlangen nach Heimkehr in Mr. Knotts Haus:

> For there was no place, but only there were Mr. Knott was, whose peculiar properties, having first thrust forth, with such a thrust, called back so soon, with such a call (S. 198/199)

Die Region, in der Mr. Knott lebt, hat also die Eigenschaft, jemanden, der mit Kraft daraus hinweggedrängt worden ist, alsbald mit starkem Ruf zurückzurufen. Mr. Knotts Haus ist ein Hafen.

Es folgt auf diesen Abschnitt noch einmal der Versuch, Mr. Knotts eigentümliche Natur, seine undefinierbare Gestalt, sein dunkles Wesen, zu beschreiben. Doch handelt es sich auch hier um eine mehr oder weniger große „anthropomorphe Anmaßung". Watts Vermögen reicht dafür nicht aus. Auch Mr. Knotts Hauswesen bekommt eine „Serie".

Dann kommt die Schilderung von Watts tränenreichem Weggang; Mr. Knotts „Singen" wird für ihn unverständlicher denn je. Ehe Watt sich von Sam trennt, überlegt er, was wohl Mr. Knott ohne seine Hilfe machen wird. Formales Ende ist der Weggang Watts, rückwärts durch das Loch, zurück zu seinem Pavillon. Ende dieses Erfahrungsbereiches.

Die Struktur von Teil III ist also recht kompliziert. Dennoch besteht kein Zweifel daran, daß dieser Teil sich ganz unmittelbar an den vorangehenden Teil II anschließt und selbstverständlich gleichfalls in Mr. Knotts „Anwesen" spielt, selbst wenn dies zunächst nicht so scheint. Mr. Knotts Anwesen besteht eben nicht nur aus einem Haus, sondern aus Haus und Garten bzw. „Parks". Trotz der ungeheuren Vielfalt der Bilder und Geschehnisse ist der dritte Teil des WATT eine geschlossene Einheit. Dies wird am Anfang und Ende deutlich. Teil III beginnt mit den Pavillons. Mit dem gleichen Bild endet Teil III: Watt zieht sich rückwärts in seinen Pavillon zurück und ist damit wieder von Sam getrennt, der zurückbleibt.

Man hatte am Ende des Zweiten Teils erwartet, daß Watt nun aufsteigt. Vom Erdgeschoß in den ersten Stock. Statt dessen wird von einem ganz anderen Umzug berichtet: Watt wird in einen anderen Pavillon „verlegt", in ein neues „eigenes" Haus, abgetrennt von Sam, der erst jetzt als selbständige Individualität ins Geschehen eintritt. Ihm, Sam, wird die ganze Geschichte von Watt erzählt, heißt es.

Man durfte erwarten, daß Watts Aus- oder Einblick, sein „Erfahrungsbereich", sich durch den Umzug von einer Etage in die andere erweitern würde. Offenbar ist dieses obere Stockwerk aber von ganz anderer Art, als Watt es im Vorblick hat erkennen können. Es geht dort viel „irrer" zu, als erwartet. Wie in einem Irrgarten, einem Irrenhaus. So mußte sich auch die Erzählstruktur ändern sowie der gesamte Bildcharakter. Die Verwirrung teilt sich uns unmittelbar durch den Erzählstil mit. An diesem „Szenenwechsel" erkennen wir, wie exakt bei Beckett Form und Inhalt einander entsprechen. Dem Wechsel des Erfahrungsbereichs entspricht eine nahezu totale Umwelt-Verwandlung, eine Umstülpung der Verhältnisse. Anstatt verschiedener Räume im ersten Geschoß findet man verschiedene Parks mit Pavillons für jeden Bewohner. Dann hält man sich gemeinsam im Park von Mr. Knott auf. Watt hat sich von Sam abgetrennt; dennoch „kommunizieren" die beiden auf die eigentümlichste Weise.

Vieles in WATT ist von vornherein „absurd", doch nirgends tritt dieser absurde Charakter so deutlich vor uns hin, wie in diesem Dritten Teil des Romans. Nahezu alles ist „verrückt" und trotzdem kein platter Irrsinn. Als sich das Bild eines Fortschreitens vom unteren zum oberen Bereich im Hause Mr. Knotts erschöpft, wählt Beckett einfach ein neues Bild: das Anwesen Mr. Knotts wird komplizierter, vielfältiger. Man kommt Mr. Knott sogar insofern näher, als er jetzt öfter auftaucht, auch wenn er sich seiner Umgebung, seinem „Personal", immer wieder entzieht. In keinem Teil von WATT wird so hingebungsvoll versucht, Mr. Knott in seinen Eigenheiten zu beschreiben, nirgends sonst ist man ihm so nahe auf den Fersen. Aber sein Wesen ist Wandlung, man wird seiner nicht habhaft, weder seiner Kleidung, seines Aussehens, noch seiner

Lebensgewohnheiten. Auch wenn der Versuch, Mr. Knott gründlich kennenzulernen, schließlich scheitert, hat man doch eine ganze Menge über ihn erfahren. Teil III ist ihm, dem ungreifbaren Mr. Knott, gewidmet; er wird auch damit zum wichtigsten Teil, zum eigentlichen Höhepunkt des Romans. Wir erfahren zugleich, daß unsere Sprache, vor allem ihr logischer Gehalt, nicht ausreicht, Mr. Knott zu beschreiben. Selbst die Bildsprache versagt, bleibt unvollständig und unpräzise. Mr. Knott entschwindet heimlich, kommt außer Sicht, als Arthur seine Geschichte erzählt. Erst als dieser geendet hat, bewegen sich die Zweige, und Mr. Knott gleitet vom Baum herunter, berührt den Boden und geht in sein Haus zurück, in das ihm Watt folgt.

Der Aufenthaltsort Mr. Knotts, sein Anwesen, umfaßt also mehrere Regionen: das Haus mit Unter- und Obergeschoß, den Garten (in dem nicht nur er sich bewegt, sondern auch seine Bediensteten) und schließlich den Baum, auf den nur er selbst sich zeitweise zurückziehen kann. Ist der Garten ein Bild des Paradieses, in das die einst Ausgestoßenen mit aller Kraft zurückgerufen werden (?) – mit dem Baum (der Erkenntnis?) in der Mitte? Eine parabolische Schilderung trotz aller Absurditäten. Dem unvorbereiteten Leser mögen diese Absonderlichkeiten deutlicher in die Augen springen als der gnoseologische Grundzug, der sich dahinter verbirgt.

4. Beginn und Ende: die Teile I und IV

Über die Teile I und IV ist schon gesagt worden, daß sie insofern wesensverwandt sind, als sie Watts Hin- und Rückweg beschreiben. Es bleibt jetzt zu erörtern, wie diese beiden Teile zueinander in Beziehung stehen und wie ihre Struktur beschaffen ist.

Abgesehen von der die Situation charakterisierenden Rahmenhandlung mit Mr. Hackett, die ihre Entsprechung am Schluß findet, wenn Bahnangestellte und Reisende um den am Boden Liegenden herumstehen und gaffen, beginnt die Geschichte Watts eigentlich mit seiner Abreise vom Bahnhof, wo er ankam. Dort stößt er mit dem „Gepäckträger" zusammen, der Milchkannen herumträgt. Er macht eine Reise, die ihn zu Mr. Knotts Haus führt. Er tritt über die Schwelle ohne zu wissen, wie. Dort stellt er seine Taschen ab, nimmt den Hut ab (mit dem er noch eine Weile spielt), dann gibt Arsene ihm seine „Erklärung", d. h. einen Vorblick auf das, was ihn hier im Anwesen Mr. Knotts erwartet. Bemerkenswert ist der klare Aufbau dieses ersten Teils der Erzählung, wenn man erst einmal begriffen hat, daß die Rahmenerzählung noch nicht das Thema im engeren Sinne faßt, sondern nur auf das Thema „einstimmt" und dazu dient, Watt vorzustellen.

Das, was jeweils dargestellt wird, ist ganz konkret ohne Umschweife und Erklärungen geschildert. Ein Punkt nach dem anderen wird benannt und so ins Bewußtseinsfeld gestellt. Vorher scheinen Menschen und Gegenstände überhaupt nicht existiert zu haben. Mit der Benennung beginnt jeweils ihre Existenz; die Ecke, um die Mr. Hackett biegt, die Bank, das Pärchen, das Ehepaar usw. So taucht auch Watt aus dem Dunkel des Unbewußten auf, wird beschrieben, zunehmend deutlicher, dann übernimmt er die Rolle, die ihm als Hauptperson zukommt. (Als Sam sich dann später von ihm „abspaltet", bleibt Watt noch immer der, der ihm die ganze Geschichte erzählt!)

Im Ersten Teil herrscht Abendstimmung; als Watt auftaucht, ist es nahezu dunkel. Der Weg zu Mr. Knott besteht dann aus zwei Abschnitten: der Bahnfahrt und dem Fußweg. Während der Bahnreise wird er von Mr. Spiro geplagt (durch sophistische Belehrung), auf dem Fußweg von Lady McCann, die in die gleiche Richtung mit ihm geht und ihm mit einem Stein den Hut vom Kopf wirft. Dieser Fußweg wird unterbrochen, als Watt sich an den Wegrand legt und in den Graben rollt. Das letzte Stück zum Hause Mr. Knotts geht er allein im Dunkeln.

Beckett beginnt nach der Vorbemerkung über die Anordnung der vier Teile des Romans Teil IV mit der Bemerkung, daß Watt nun geht, *wie er kam,* bei Nacht. Wie am Ende des ersten Teils befindet er sich in der Küche des Hauses von Mr. Knott. Micks, der Neue, sitzt dort wie einst Watt: "One moment I was out, and the next I was in." (S. 215) Es ergeht also beiden gleich, sie wissen nicht, wie sie über die Schwelle gekommen sind.

Es folgt Watts Weggang, er trägt wiederum Hut und Taschen und geht zu Fuß durch die Allee, dann die Straße entlang. Seine Kleidung ist mehr als komisch. Sie ist zusammengewürfelt, „unpassend". (Obwohl Sommer ist, trägt er einen alten Wintermantel.) Er kommt zum Bahnhof, findet ihn verschlossen, wird in den Wartesaal eingelassen, wo er die restliche Nacht verbringt. Es wird Morgen. Es folgt die unsanfte Behandlung, der Schlag vor den Kopf, der Eimer kalten, schlickigen Wassers, das Lösen der Fahrkarte unter der Anteilnahme der Umstehenden. Schließlich fährt der Zug ab, man muß annehmen: mit Watt. Die neue Reise hat für ihn begonnen.

Die beiden Teile I und IV entsprechen sich demnach spiegelbildlich: Rahmenhandlung am Anfang bzw. ganz zum Schluß. Zu Beginn Abend. Am Schluß Morgen. Der Fußweg zum Bahnhof, dem jeweils ein Unfall vorangeht: in Teil I der Zusammenstoß mit dem Gepäckträger, der auch in Teil IV derjenige ist, der ihm die Türflügel vor den Kopf knallt und ihm (zusammen mit dem Stationsvorsteher) den Eimer Wasser überkippt. Während am Ende von Teil I Watts Vorgänger ihm eine Erklärung abgibt, wird in Teil IV gesagt, daß Watt es unterließ, dem Neuangekommenen „Abschiedsworte" zu sagen, wie er es eigentlich hätte tun sollen: "The few simple words at parting, that mean so much, to him who stays, to him who goes ..." (S. 221) Diese Abschiedsworte hätten der „Erklärung" Arsenes bei Watts Ankunft entsprochen.

Bei umgekehrter Reihenfolge der Begebenheiten entsprechen sich Teil I und Teil IV, weil der Hinweg dem Weggang entspricht. So kann nicht nur im Hinblick auf die Rahmenerzählung im engeren Sinne, in denen andere Figuren *über* Watt sprechen, sondern auch in Bezug auf Watts Weg zum Haus von Mr. Knott (einschließlich der Bahnreise) und seinen Auszug gesagt werden, daß diese beiden Teile zusammen eine Rahmensituation für die zentralen Kapitel (Teil II und III) bilden.

Die Struktur des Ganzen läßt durchaus an eine Symphonie in vier Sätzen denken, mit vier "Movements", wie die Eng-

109

länder sagen: I. Einführung und Vorblick, II. Aufenthalt in Mr. Knotts Haus, (Untergeschoß einschließlich Park) III. Aufenthalt in Mr. Knotts oberen Regionen, (wobei das Anwesen stark verwandelt und sich-verwandelnd dargestellt wird) IV. Rückweg.

Die ADDENDA betrachte ich im Gegensatz zu anderen Kritikern nicht als selbständigen Teil des Romans, so wichtig diese Notizen sind. Schon der Name „Addenda" verbietet das. Im Hinblick auf die Bedeutung, die ich diesem Roman Becketts zumesse, ist ein Satz aus dem Anhang bemerkenswert: "Further peculiarities of this soul-landscape were ..." (S. 249) Nun ist nicht etwa interessant, welche weiteren Eigentümlichkeiten noch angeführt werden, warmes Klima etc., sondern der Ausdruck „*Seelenlandschaft*". Denn damit ist auf das besondere des Anwesens von Mr. Knott hingewiesen, in dem Watt sich aufgehalten hat.

Die verschiedenen Stichworte, die im Anhang abgedruckt worden sind, lassen vermuten, daß über Mr. Knotts Region, über das dort herrschende Seelenklima etc. von Beckett noch manches gesagt werden könnte. Das kann als Hinweis auf den unvollständigen Charakter des Buches gelten. Watt ist kein allwissender Erzähler. Er ist ein Suchender im Dickicht, ein Jedermann auf einer eigentümlichen Entdeckungsreise, für die er nicht perfekt vorbereitet ist.

"The only possible spiritual development is in the sense of depth.
... art is the apotheosis of solitude."

Samuel Beckett[100]

Abschnitt C
Der gnoseologische Grundzug in WATT

1. Das Zerbrechen rationaler Strukturen: Voraussetzung für eine Erweiterung des Erfahrungsbereichs

Die Darstellung der Struktur des ganzen Romans, — seine Einteilung in vier große Abschnitte, der Hinweis auf die kompositorische Zuordnung von je zwei innerlich zusammengehörenden Teilen zueinander und die für das Verständnis so schwierigen aber wichtigen formalen Eigenarten, das Rückwärts- oder Inversions-Phänomen und die nicht endenwollenden „Serien" — in Ergänzung des mehr äußerlichen Handlungsablaufs wie er in Abschnitt A geschildert worden ist, ergibt bereits Hinweise auf das, was als *gnoseologischer Grundzug* aus der Vielfalt herausgearbeitet werden soll.

Bei der Durchsicht der vorhandenen kritischen Stellungnahmen zu WATT fällt auf, wie schwer Beckett es seinen Lesern macht. Man bekommt den Eindruck: hier fehlt einem die „Lötlampe", mit der man *diese* Büchse öffnen könnte. Sie wird vom Autor nicht mitgeliefert. Wie in der Einleitung zum Stand der Forschung dargestellt wurde, gibt es eine Anzahl sehr interessanter Analysen, sowohl was den satirischen Inhalt als auch den formalen Aufbau betrifft. Einige Kritiker mutmaßen auch „Seriöses" hinter dem offenbar Unsinnigen, doch scheint mir allgemein das Verständnis für das „Nichts", aus dem alles kommt, zu fehlen.

Es wird kaum eine Lösung zu finden sein, wenn man sich nur mit dem einen, den Formproblemen, befaßt oder nur mit

---

100 Beckett, S.: *Proust*, a.a.O., S. 46.

dem anderen, dem Inhaltlichen, sofern es als "Fiction" und nicht auch als philosophische Einsicht oder psychologische Wahrheit zu bezeichnen ist. Erst wenn man den Sinn tief genug sucht, in einem existentiellen Bereich, der jenseits der Subjektivität liegt, kommt man zu einem deutlicheren Begreifen der Eigentümlichkeiten, wie sie in der Gesamtstruktur ebenso in Erscheinung treten wie in den „absurden" Geschehnissen im Schicksal Watts, um dessen Erfahrungen es letztlich geht.

R. Cohn[101] hat bereits 1962 erkannt, daß Beckett mit seinem WATT einen offensichtlich „hyperrationalen Menschen" im Angesicht einer „irrationalen Welt" dargestellt hat. Zweifellos geht die Ebene des Rationalen frühzeitig in eine irrationale Erlebniswelt über, sofern man in der Rahmenhandlung noch rationale Gegebenheiten sehen will (wie Bezüge zu Dublin, seiner Straßenbahn, seiner Umgebung). In Wirklichkeit geht es da bereits „absurd" zu, denn wer sieht ein Liebespaar (bei aller realistischen Akribie) so wie Mr. Hackett, und welcher Reisende löst sich eine Fahrkarte „bis ans Ende der Strecke" (das nahe, ferne, dicke oder dünne)? Es befriedigt auch nicht, obwohl es Leser gaben mag, die damit vollauf zufrieden sind, WATT als bloß witzig-sarkastisches Buch zu betrachten, selbst wenn es stimmt, daß Becketts Humor so glänzend und so reich an Abwechslung in keinem anderen seiner Romane (auch nicht in *Murphy*) zur Geltung kommt[102].

J. Mood u.a. haben sich auf die Suche nach dem philosophischen Gehalt von Becketts WATT begeben. Mood[103] ist der Ansicht, Beckett wolle mit der rationalen westlichen Philosophie abrechnen, daß dies jedoch als Erklärung nicht genüge.

---

101 Cohn, R.: *Samuel Beckett: The Comic Gamut* (New Brunswick, N.J. 1962), S. 68.
102 Vgl. Hobson, H.: in *Beckett at Sixty*, a.a.O., S. 25: *En attendant Godot* habe sogleich bei seinem ersten Erscheinen die tieferen Bezüge erahnen lassen, obwohl es für viele in erster Linie ein faszinierend-unterhaltendes Drama gewesen sei. Harold Hobson schreibt jedoch von einem ‚musikalischen Erlebnis', "touching chords deeper than can be reached by reason, and saying things beyond the grasp of logic."
103 Vgl. Mood, J.: *The Personal System*, a.a.O., S. 255 ff.

Er zitiert deshalb Heidegger, dessen Existenzphilosophie ihm tiefer zu reichen scheine. Die in der Philosophie oft als letzte Instanz betrachtete „Ratio" eigne sich (obwohl wir sie brauchen) nicht, um das Irrationale zu beschreiben. Wenn Heidegger davon spreche, daß das Irrationale nur die Kehrseite des Rationalen sei, so weist Mood darauf hin, wie im Falle von WATT dieses „Münzenbeispiel" nicht ausreiche, weil hier das ganze „monetäre System" bankrott sei! Dieser Ansicht kann man sich insofern anschließen, als Beckett die Währung *zeitweilig* außer Kraft setzt, sie jedoch nicht auf Dauer zerstört. Mood behauptet aber: "In WATT, Beckett portrays this bankrupcy of reason in relation to both the external and the internal world in another way ..." und zwar mit dem Ziel, aus den Trümmern ein *eigenes System* wieder aufzubauen. Dieses eigene System ("The Personal System"), so ist zu fragen, welchen Wert hat es?

Kein Zweifel, daß Beckett sich seine eigene Ausdrucksweise geschaffen hat. Eine Sprache, die das Nichts durchschritten hat, wie er sagt. Bedeutet das aber: die das Nichts als ein Nichts beschreibt? Ist das Resultat dieser Bemühung bloßer Subjektivismus? Diesen Verdacht erregt die Bezeichnung "personal system".

Wenn J. Mood Beckett zitiert: "It is the shape that matters" (S. 263) so ist damit zunächst gesagt, daß Beckett die *Form* von Ideen liebt. So ist bekannt, daß Beckett einen Satz von Augustinus bewundert, den er sogar im englischen und im deutschen Text von *En attendant Godot* anführt: „Verzweifle nicht: einer der Schächer wurde erlöst. Sei nicht vermessen: einer der Schächer wurde verdammt"[104]. Manchmal fügt Beckett dann noch hinzu, daß ihn die Gestaltung von Ideen reize, auch wenn er nicht an sie glaube. Beckett bringt damit zum Ausdruck, daß eine sprachliche Formulierung ihn selbst dann noch interessiert, wenn ihn der Inhalt gleichgültig lasse, d.h. die Form ihm also mehr bedeutet als der Inhalt. Diese Unabhängigkeit der künstlerischen Gestalt vom Wahrheitsgehalt (oder auch nur der „Richtigkeit" der Aussage) ist zweifel-

---

104 Vgl. Esslin, M.: *Das Theater des Absurden* (Frankfurt a.M. 1964), S. 48.

los für Beckett charakteristisch, entbindet den Leser aber nicht von einer eindeutigen Stellungnahme. Im Vorspann zu seinem Film-Skript[105] bringt er das wörtlich zum Ausdruck: im Anschluß an die Erläuterung des Berkeley'schen Satzes „Esse est percipi" schreibt er „Das obige will keinen Wahrheitswert haben und wird nur als strukturelles dramatisches Hilfsmittel betrachtet."

Muß man daraus folgern, daß Beckett an jedem Ideen-Gehalt desinteressiert sei? Er, von dem man sagt, *Form und Inhalt* seien für ihn *identisch*? E. Webb kommt in seinem Buch: *Samuel Beckett – A Study of his Novels*[106], sogar zu einem geradezu entgegengesetzten Urteil über Beckett:

> Skilful as he is with language, however, for Beckett language is less important than thought. Most of the changes that have taken place in Beckett's language from the time of *More Pricks than Kicks* to that of *How It Is* have been for the sake of more adequately conforming his expression to his thought. It is ironic that a writer for whom thought is so important should have as his message the untrustworthiness of human intelligence or of any meaningful pattern the human mind might think it can discover in the universe. Beckett told Tom Driver, "I am not a philosopher". He probably meant that he held no allegiance to any system of thought, equally distrusting them all. But he is a thinker, and if a person whose entire body of work is a sort of prolegomenon to any future philosophy can be considered a philosopher, then Beckett is precisely that, at least in the sense that he is a man who has explored the limits of thought."

Vielleicht kann man den Schluß für gerechtfertigt halten: Beckett ist ein nicht-systemgebundener Denker, der sich mit seinem Denkvermögen der jeweiligen Realitätsebene anzupassen sucht.

Beckett hat sich seine (z. B. dramatischen) Formen nicht immer selbst gemacht, er hat auch vorhandene Strukturen verwendet. In den Prosaschriften ist das nicht so auffällig wie in seinen Theaterstücken[107]. Dies läßt jedoch keinesfalls die

---

105 *Samuel Beckett – Werke* (Frankfurt a. M. 1976), Bd. 1, S. 350.
106 Peter Owen (London 1970), S. 19.
107 Vgl. Schoell, K.: *The Chain and the Circle, Modern Drama* (May 1968), S. 48–53.

Ansicht zu, er wähle strukturale oder formale Elemente nach dem Zufallsprinzip oder „bloß" nach „formalistischen" Überlegungen. Form ist für ihn – wie für manchen anderen Künstler – Mittel der Konzentration und Ausdruck ureigenster „Vision". Die Aussage: "It is the shape that matters" ist die typische Aussage eines Künstlers.

Auf einem ganz anderen Blatt steht, ob das Dargebotene, der Inhalt, sich verallgemeinern läßt, für jedermann begreifbar und zutreffend ist. Ist aber die Übermittlung einer Idee (im Sinne einer „Information" oder einer „Botschaft") tatsächlich für Beckett ein relevantes Anliegen? Wo er doch gleichermaßen vorsichtig ist mit Äußerungen über sich, wie mit „Bekenntnissen" zu etwas?

Ebensowenig wie Becketts Strukturen oder Formen etwas Willkürliches haben, haben auch seine Ideen nichts Zufälliges an sich, gleichgültig ob er sie von anderen übernimmt (wie im Falle von Berkeley), oder sie aus sich heraus produziert. Allerdings liegt der Sinn häufig nicht im Äußerlich-Informativen, auch nicht im rational-faßbaren Inhalt, sondern in einer Schicht, die Ideen „wie Vorstellungen" benutzt, um auf intimere Zusammenhänge hinzudeuten. Die „Aussage" ist dann das, was er mit diesen seinen „Materialien" macht, ist das *Kunstwerk* selbst.

„Deutungen" überläßt er der Freiheit des Lesers oder des Zuschauers (je nachdem: den Besuchern von «Cafés du commerce», Kirchen oder Universitäten) – die Bedeutung wird sich immer nur einer getreuen Wahrnehmung des Werkes selbst, der Einordnung in das Gesamtwerk und vorsichtigem In-Beziehung-Setzen zur eigenen Erfahrungswelt erschließen. Das Gebotene selbst wahrzunehmen, darum kommt niemand, der es begreifen will, herum, denn das Kunstwerk konkretisiert sich erst im Akt der Rezeption[108].

Beckett ist nicht Brecht. Er fühlt sich nicht als „Lehrer", auch nicht als Philosoph (wie Sartre). Aber er ist an existentiellen Fragen innerlich interessiert. Wahrheiten, die man nur

---

108 Vgl. Iser, W.: *Der Akt des Lesens,* a.a.O., S. 38. Iser schreibt weiter: „Das Werk ist das Konstituiertsein des Textes im Bewußtsein des Lesers." (S. 39).

aus dem tiefsten Inneren herausholen kann, werden nicht besser, indem man sie vor- oder nachbetet. Für wirklich tiefe Wahrheiten kann nur ein Problembewußtsein geweckt werden, indem man sie vorzeigt. Sie sprechen am besten für sich selbst.

Die erste Frage ist: worauf weist Beckett, wenn er unsere gewohnte Welt, unsere gewohnten Vorstellungen von der Welt zerstört, d.h. sie verläßt? Wenn er nach neuen Ausdrucksformen sucht? Kann es in seinem Interesse liegen, ein „ganz persönliches System" zu schaffen? Mit dieser Meinung würde man Beckett unterschätzen.

J. Jacobson und W. Mueller sind in ihrem Buch *The Testament of Samuel Beckett* der Problematik nahe, wenn sie schreiben: "his essential poetic mode, his epistemological sense of the relationship between the human consciousness and the world of space and time ..."[109] – das sei es, worauf es Beckett ankomme[110].

J. Mood hat in seiner Arbeit über WATT[111] auf einen Satz von „Sam" hingewiesen, der das ganze, angeblich so „personale System" ins Wanken bringt und der sich auf eine Hypothese bezieht, die Watt vorgetragen hat: "Cracks soon appeared in this formulation."[112]. J. Mood nimmt diese Aussage zum Anlaß – indem er sie verallgemeinert – Becketts ganzes „System", das er sich aufbaut, *brüchig* zu nennen:

---

109 Jacobsen, J., und Mueller, W.: *The Testament of Samuel Beckett*, Faber and Faber (London 1966), S. 11.
110 Vgl. Hutchinson, M.: *All the Livelong Way* in: *Beckett at Sixty* (London 1967), S. 93. Hutchinson zitiert Shelleys *Prometheus Unbound* (= *Der entfesselte Prometheus*, 1820), um Becketts Tiefendimension zu charakterisieren:
'To the deep, to the deep
    Down, down!
Through the shades to sleep,
Through the cloudy strife
Of Death and of Life,
Through the veil and the bar
Of things that seem and are
Even to the steps of the remotest throne
    Down, down!
111 Mood, J., a.a.O., S. 255 ff.
112 Vgl. engl. Ausgabe von WATT, S. 147. In der dt. Ausgabe (S. 157) heißt die entsprechende Stelle: „Bald zeigten sich brüchige Stellen in dieser Formulierung."

We can now begin to see that the very self which is examining all the other cracks and slips, the very self-constructing rational system, is itself flawed. And that may well be the real mess of which Beckett speaks as being "all around us" and which Watt describes as "trouble in (my) mind".[113]

J. Mood kommt zu dem Schluß:

> WATT has portrayed the equal failure of rationality to provide an internal system of any validity or use.[114]

Wahrscheinlich hat Beckett keine so oberflächliche Absicht verfolgt, wie die, die rationale Welt bloß deshalb zu zerstören, um ein ebenso brüchiges „persönliches System" an ihre Stelle zu setzen. Dann hätte er nichts gewonnen. Das Zerfallen der Außenwelt ergibt sich im Verlauf der Ereignisse, durch die Watt hindurchgeführt wird. Dieses Zerfallen ist die *Voraussetzung,* um zu jenen Tiefendimensionen vorzustoßen, auf die es Beckett ankommt. Beckett führt die uns gewohnte (meist oberflächliche) Logik „ad absurdum", weil er beschreibt *was ist.* Schon das „normale Dasein" ist für Beckett voller Absurditäten, wie viel schwerer sind die „irrationalen Bereiche", in denen wir leben, wenn wir z. B. träumen, zu beschreiben. Das *rationale* Bewußtsein reicht auch nicht in jene Welten, aus denen die Menschenseelen kommen und in die sie gehen, wenn sie geboren werden und sterben. Beckett geht es um Ausdrucksformen, die diese Bereiche mit umgreifen können. "We are such stuff as dreams are made on; and our little life is rounded with a sleep", sagt Shakespeare in *The Tempest*[115].

Das Zerstören rationaler Gegebenheiten ist also nicht Selbstzweck, es entspricht einer inneren Notwendigkeit. Wenn das Irrationale, das uns brüchig Erscheinende, weite Strecken von WATT beherrscht – und J. Mood weist mit Recht darauf hin, daß etwa ein Drittel des Romans scheinlogischen Auseinandersetzungen gewidmet ist – so hat das nichts mit einer philosophischen Abrechnung zu tun. Beckett setzt die „west-

---

113 Mood, J., a.a.O., S. 264.
114 Ders., a.a.O.
115 Akt IV, 1. Szene, Z. 171–173.

liche Rationalität" — wenn überhaupt — dann doch nur für einen bestimmten Seinsbereich „außer Kurs". Sonst wäre er selbst „insane".

Abgesehen von diesem grundsätzlichen Irrtum bringt J. Moods Arbeit Wesentliches zum Formalen: er analysiert die Serien mit ihren Auslassungen, ihren „bewußten Fehlern". Er hat sie mit minutiöser Genauigkeit ausgezählt. In mathematisierter Form hat dies François Martel übrigens auch getan, der die formalen Spiele in WATT eindrucksvoll analysiert[116].

Was die Struktur des Ganzen betrifft, so tappen beide Autoren mehr oder weniger im Dunkeln, weil sie nur das Formale im Detail betrachten. Das zeigt uns J. Moods[117] Äußerung:

> fully a third of the novel consists of material apparently only distantly related to the rest of the book. Even if one grants a relation, it is apparently a tenuous one, the material being largely irrelevant and repetitious.

Dem kann entgegengehalten werden, daß in WATT kaum ein Wort überflüssig sein dürfte, geschweige denn ein ganzes Drittel. Der Sinn dieser gelegentlich als „ermüdend" oder „lanweilig" apostrophierten Stellen ergibt sich allerdings erst aus dem Verständnis des Ganzen.

Mit der „vertauschten Reihenfolge"(2, 1, 4, 3), die Beckett zu Beginn des vierten Teils anführt, können die meisten Kritiker nichts anfangen. Dabei scheint es doch so, als ob damit etwas Wichtiges gemeint sein könnte. J. Chalker[118], der sich mit der satirischen Form von WATT befaßt, sieht darin ein Indiz für den Zusammenbruch der Struktur:

> The formal implications have to do with the collapse of structure which makes the experience of reading WATT so strange and even at times unnerving.

Becketts Umstellung der Reihenfolge kommentiert J. Chalker so: "... this clearly proclaimed order is not the order

---

116 Martel, F.: *Jeux formels dans «Watt»* in *Poétique* 10 (1972), S. 153–175.
117 Mood, J., a.a.O., S. 257.
118 Chalker, J., a.a.O., S. 21 ff.

of the book, which proceeds rather: one, two, four, three."
Er glaubt demnach, man könne einfach eine weitere, dritte Anordnung ungestraft einführen, eben weil die Struktur seiner Meinung nach „kollabiert" sei.

Wenn Beckett zu Beginn von Teil IV eine neue, „eigentliche" Ordnung schafft, dann ist das Stoff genug zum Nachdenken. WATT als Werk insgesamt ist nicht nur ein „satirisches Abbild" des Versagens, wie J. Chalker dies offensichtlich meint[119].

E. Swansons Hinweis auf die „gebrochene Zeitstruktur"[120] die in der Änderung der Reihenfolge zum Ausdruck kommt, ist zutreffend, doch nicht in dem einfachen Sinne, daß der normale Zeitablauf dadurch nur *zerstört* wird. Hier liegt ein intimeres Problem zugrunde: das Heraustreten aus der Zeit.

J. Mood schreibt[121]:

> WATT is divided into five parts: four numbered sections and a final brief eight-page conclusion entitled "Addenda". These sections follow neither a chronological order nor the order in which they were related by Watt to Sam, the narrator ...

Der gegebenen Anordnung der vier Teile des Romans fügt Beckett einen Vorschlag zur Neuordnung an. Das ist kein Vorschlag zur Durchbrechung der Chronologie, die ohnehin aufgehoben ist. Im Sinne Sternes[122], der in *Tristram Shandy* die chronologische Progression bereits aufgab zugunsten eines assoziativen Denkprozesses, klammert sich Beckett ohnehin nicht an den Uhrzeiger. Daß Beckett mit WATT sowohl den normalen Zeitablauf als auch die normale Erfahrungswelt verlassen habe, ist allgemeine Überzeugung. Zu diesem Zweck hat er rationale Formen verlassen, wenn man will: auch „zerbrechen" müssen. Die Frage, an der sich nun die Geister scheiden werden, ist, ob das Zerbrechen der rationalen Vorstellungswelt einen sinnvollen Blick ins „Irrationale" erlaubt, oder

---

119 Chalker, J., a.a.O., S. 29.
120 Swanson, E.: *Samuel Beckett's WATT: A Coming and A Going*, Modern Fiction Studies 17 (1971/72), S. 264–268.
121 Mood, J., a.a.O., S. 256.
122 Vgl. Rohmann, G. (ed.): *Lawrence Sterne* (Darmstadt 1980).

ob das Resultat dieses „Bewußtseins-Umbruchs" Chaos, Sinnlosigkeit, Irrsinn bedeutet. Dieser letzten Ansicht sind die meisten Kritiker, mindestens was Watt (den Erzähler) betrifft, gewöhnlich aber auch was „Sam" angeht. Deshalb ihre Bereitwilligkeit, den Teil III ins Irrenhaus zu verlegen (wozu Beckett allerdings durch die Wahl seiner Bilder kräftig beiträgt)[123].

Trotz der „Irrenhaus-Atmosphäre" besteht darüber Einigkeit, daß die Welt, in die Watt eintritt und die „kafkaeske Züge" trägt, nicht nur formal brillant, sondern auch inhaltlich in all ihrer „Brüchigkeit" großartig dargestellt ist. Wäre alles nur sinnlos, was Beckett über oder von Watt berichtet, dann gäbe es wohl keinen Meinungsstreit in den Interpretationen, die die Literaturwissenschaft diesem Werk gewidmet hat.

Beckett geht schrittweise vor. Er läßt zunächst Mr. Hackett (der Name "echoes 'Beckett'")[124] und seine Gesprächspartner Mr. and Mrs. Nixon berichten, dann Watt auftreten, der seine Bahnfahrt macht und seinen Fußweg zu Mr. Knotts Haus; der Aufenthalt im Untergeschoß schließt sich (nach dem Schwellenübertritt) an, wird in Teil II zum Erlebnisbericht des Helden. Dann erfolgt der Umbruch. Teil III bringt die Spaltung von Watt und Sam, deren Miteinander und schließliche Rückkehr. Auf das labile „Trennen und Wiederfinden" weist das Schlußbild hin: der sich trennende und vermischende Rauch der beiden Häuser. Diese schizophrenie-ähnliche Persönlichkeits-Spaltung hat gewiß viel Groteskes und Absurdes, was jedoch nicht besagt, daß dies krankhaft sein

---

123 D. Hesla spricht von Watt und Sam als "inmates at a mental institution" (vgl. Hesla, D. H. in *Critique,* a.a.O., S. 87) und Ann M. Trivisonno nennt „Sam" einen "lunatic narrator" oder "lunatic creator" (vgl. Trivisonno, A. M.: "Meaning and Function of the Quest in Beckett's WATT" in *Critique* (Minneapolis) 12/1969, No. 2, S. 28—38). Die Rückkehr ins normale Dasein begründet A. M. Trivisonno formalistisch: "If Watt's journey to the house of Mr. Knott is one in a series of metaphorical quests for a new kind of fiction, it cannot possibly end in the lunatic asylum. Watt must return to the material world of traditional fiction and begin his search anew". (S. 37)

124 Vgl. Hesla, D. H., a.a.O., S. 87.

muß. Der Vierte Teil ist demgegenüber wieder „normaler". Die Vertreter der Ansicht, daß das Ganze im Irrsinn *ende,* werden der von Chalker zitierten Ansicht zuneigen, die Teile müßten so geordnet werden: 1, 2, 4, *3.*
Das Irrationale durchzieht allerdings den ganzen Roman und erlebt nur eine Steigerung im Dritten Teil. Man könnte also auch ein Anschwellen und Abschwellen des irrationalen Geschehens über den ganzen Roman hin konstatieren, nicht jedoch eine vollständige Rückkehr jedes einzelnen Teils (oder auch des Ganzen) zum Anfang zurück[125]. Eine vollständige Rückkehr zum vorherigen Standort gibt es bei keinem Werk Becketts. Selbst wo es Repetitionen zu geben scheint, wie in den zwei Akten von *En attendant Godot,* zieren den vorher kahlen Baum einige Blätter (als Zeichen der Veränderung). Watt kehrt zwar zurück, aber als einer, der eine Erfahrung gemacht hat, sein Gepäck erleichtern konnte, um neue „Erfahrungen einzusammeln" in seine Jagdtaschen.

M. Winston[126], dessen Arbeit ich im Forschungsbericht ebenfalls bereits erwähnt habe, hat auf die Bedeutung der Verwischung der Subjekt-Objekt-Grenze, wie sie durch die erste Fußnote deutlich gemacht wird, hingewiesen. Er neigt der Ansicht zu, daß man überhaupt nur dadurch über Watt etwas wisse, weil Sam sein Schöpfer sei. Nun wird zwar gesagt, daß „Sam" alles aufgeschrieben hat, aber doch nach Watts „Diktat". Wenn Watt aber keine eigene Realität besitzt, wie man vielleicht vermuten kann, dann offenbart er wiederum nur die Verfassung von Sams Geist, bzw. die Art seiner Psyche. Diesem Gedankengang kann man folgen. Wer aber ist Sam? Ganz gleich, ob Beckett sich hier selbst als „Sam" bezeichnet, was naheliegt, wird er doch von allen seinen Freunden so genannt: er ist auf jeden Fall sein Schöpfer im Roman und steht hinter dem Erzähler. Daß er „Sam" jedoch die Geschichte aufschreiben läßt, die Watt ihm angeblich erzählt, stärkt vielleicht die An-

---

125 Hesla, D. H., a.a.O., S. 102, schreibt: "... each of the chapters returns the reader to more or less the same world it carried him from."
126 Winston, M.: *WATT's First Footnote, Journal of Modern Literature* 6, 1 (February 1977), bes. S. 80.

sicht, daß der Autor sich hier selbst meint. Mit dieser Identifikation ist allerdings nicht verbunden, daß alles andere im Roman *nur* Erfindung sei (nur „Sam" nicht). Winston ist nämlich der Ansicht, daß, wenn Watt als Person eine Erfindung „Sams" sei, auch Mr. Knott nichts anderes sei als reine Erfindung. Das gilt nur insofern, als der Autor natürlich der „Erfinder" aller seiner Figuren ist. Beckett ist als Fiction-Autor der Schöpfer von Watt, Sam, Mr. Knott und allen anderen, die auftreten.

Der Realitätswert von Mr. Knott und Watt bleibt davon unberührt. Im engeren Sinne stellt sich also nach wie vor die Frage, was Beckett mit diesen Figuren will, weshalb er sie darstellt (erfindet oder abbildet). Das Hintereinanderschalten verschiedener Erzähler ist ein übliches Verfahren in modernen Romanen. Beckett hat dies in seiner Trilogie ebenso gehandhabt (Molloy, Moran, Malone). Zu den verschiedenen Erzählern in WATT gehören übrigens auch die Nebenfiguren, wie Arsene, Arthur und Micks. Mit dem Namenswechsel sind Blickpunktwechsel oder sogar Wechsel der Erzählebenen verbunden. Eine Sonderstellung hat allerdings Watt selbst: er geht (oder wird vom Autor geführt) durch die sehr unterschiedlichen Sphären der vier Teile des Romans. Er erleidet daher auch die stärksten Veränderungen (Metamorphosen), bis hin zur Bewußtseinsspaltung. Der Wechsel der Protagonisten in früheren Werken (z.B. von Belaqua Shua zu Murphy) ist zwar auch nicht bedeutungslos, doch geschieht er im Rahmen einer noch herkömmlichen Erzählstruktur.

Nur dann wäre alles Nonsens, wenn der Zweck des Romans sich damit erschöpfte, eine *Krankengeschichte* wiederzugeben: die Erzählung eines Irren, der mit dem fiktiven Autor (Sam) zusammen in einer Irrenanstalt war. Wenn, mit anderen Worten, das Zerstören der rationalen Welt bloß Irrsinn hervorgebracht hätte. Wenn dem Rationalen nicht ein Überrationales folgen würde. Dieses sinnvoll zu nennende „Irrationale" muß gesucht werden; dem neuen Seinsbereich, durch den Watt hindurchgeht, muß ein irgendwie geartetes „Wirkliches" entsprechen. Dann ist WATT nicht mehr die Erzählung eines Irren, nicht mehr nur dichterische Erfindung (Fiction), sondern *wirklichkeitsgemäßer Erfahrungsbericht* des Autors Beckett. Literatur umfaßt durchaus auch diesen Bereich.

Wenn Arthur Koestler in *The Act of Creation*[127] schreibt: "Literature begins with the telling of a tale ... The events thus represented are mental events in the narrator's mind", dann trifft das zwar für Becketts WATT zu. Die Frage bleibt aber noch ungelöst, um die es hier geht: was spiegelt sich in Becketts "mind" wider? Hat das Geschilderte einen Realitätswert, oder ist es bloß ein ausgedachtes Phantasiegebilde, d. h. eine Form der Irreführung oder gar des Irrsinns?

Vorsichtiger kann man auch sagen: nur wenn WATT ein Kunstwerk mit einem Realitätsbezug ist, der über das Subjektive des Künstlers (das dem Werk seine „Farbe" gibt) hinausragt, ist WATT tatsächlich ein Werk von „Ewigkeitswert", weil es einen Weg zu jener überrationalen und zugleich überpersönlichen Sphäre weist. Es hat dann einen *gnoseologischen Wert,* weil es unseren Erfahrungsbereich in eine uns sonst unzugängliche Welt hinein erweitert.

M. Winston meint in seiner Arbeit (S. 73), daß „Sam" vier Funktionen erfülle: er sei Teilnehmer der Erfahrungen Watts, er sei der Wieder-Erzähler der Geschichte, die Watt ihm erzählt bzw. zuflüstert, er sei ferner der Schreiber des Buches WATT und schließlich sei er sogar der Kommentator der Handlung, z. B. wenn er Fußnoten schreibt oder aus der Handlung heraustritt. Ein Irrer wäre dazu zweifellos nicht in der Lage.

Was uns jedoch auffallen muß, ist, daß Sam als Ich-Erzähler erst im Dritten Teil überhaupt auftritt und daß weder Watt noch „Sam" ganz am Anfang dabei gewesen sind. Das spricht dafür, daß hinter allem noch einmal der Autor Beckett steht, was eigentlich eine Selbstverständlichkeit ist; daß dieser die Handlung gliedert, beherrscht. Daß er Personen einführt (und sie eine Weile benutzt), diese dann fallen läßt (wie Hackett). Watt jedoch nimmt er ernst. Watt bleibt Hauptperson vom Moment seines Auftretens an. Von *diesem* Watt spaltet sich

---

127 Koestler, A.: *The Act of Creation* (London 1964), S. 301.

„Sam" ab, d. h. man kann auch umgekehrt sagen, aus Sams „Haus" ist Watt hinausgezogen. Watt hat seinen eigenen Beobachtungskreis, den eigenen „Pavillon mit Park", betreten. Die beiden bleiben aber in Kontakt, verlassen sich nur zeitweilig. Sam hält an Watt, Watt an Sam fest, trotz der Trennung.

Was bedeutet dieser Umzug, diese „Spaltung" inhaltlich? Diese spiegelverkehrte Zwei-Einheit von Watt und Sam gehört zu den großen Ideen, zum wesentlichsten Gehalt des ganzen Romans. Beckett hätte vielleicht in dem Augenblick, in dem es nötig war, Watt von Sam zu trennen (oder umgekehrt), auch von Watt I und Watt II sprechen können, vielleicht sogar von einem „niederen" und einem „höheren" Selbst. Aber offenbar hat es ihm nichts ausgemacht, seinen eigenen Vornamen dem *einen* Teil der Hauptfigur zu „leihen". So weit hat er sich mit Watt identifiziert. Wir vermuten sicher zu Recht, daß sich des Autors Bewußtsein selbst „gespalten" hat; nur so ist es nämlich möglich, diese von Watt und Sam eingenommenen Positionen, die ja „gegenläufig" zu nennen sind, einzunehmen bzw. zu beschreiben. Sam und Watt bewohnen zwei Bereiche einer merkwürdigen Region; sie gehen aufeinander zu, wobei der eine aus einer spiegelverkehrten Welt kommt[128].

Wenn man *die Art wie* Beckett dies beschreibt beachtet, kann man, ohne Beckett dabei zu nahe zu treten, von einer „didaktischen Abhandlung" sprechen, einer allerdings nicht ganz einfach zu verstehenden. WATT ist nicht nur ein „Spiel" mit dem Irrationalen, es zeigt auch den Weg dorthin, wo es stattfindet. Mit Beckett kann man sagen: WATT ist *nichts weniger* als Spiel, denn Spiele dieser Art haben einen Wirklichkeitsbezug. Das Spiel um Watt (und Sam) handelt von einer Bewußtseinsspaltung, die nicht Irrsinn ist. WATT ist eine Frage an die Gesetzmäßigkeit der geistigen Welt, in die man nur eintreten kann, wenn sich das scheinbar so festgefügte Bewußtsein des Menschen (durch Spaltung) anzupassen vermag.

---

128 Eine spiegelverkehrte Welt (Erlebnisweise) schildert Ionesco anschaulich in *Le piéton de l'air* (vgl. Fußnote 98).

2. Bildelemente zum Erfassen des Seins und Werdens des Menschen

Wenn ich mich jetzt der Aussage, dem inneren Gehalt von WATT zuwende und damit über das bisher Entwickelte hinausgehe, dann wird es gut sein, sich noch einmal an Becketts Warnung am Schluß des Romans zu erinnern: "no symbols where none intended" (S. 255). Das englische Original sagt, frei übersetzt, daß da keine Symbole (zu finden) sind, wo keine beabsichtigt waren. Die deutsche bzw. französische Version gleicht demgegenüber noch deutlicher einer Warnung: „Weh dem, der Symbole sieht" (dt. Ausgabe S. 271) bzw. «honni soit qui symboles y voit» (franz. Ausgabe S. 309).

Diese Warnung ist durchaus ernstzunehmen. Allerdings nicht in dem Maße, als stellte sie ein totales Verbot dar, darüber nachzudenken, ob dieses Kunstwerk, WATT, nicht doch einen anderen Wert oder Sinn habe, als den, ein Abbild des Irrsinns zu sein. Beispielsweise einen nur in Bildern wirklich faßbaren Gehalt, wie er poetischen Werken zukommt, allerdings mit der Möglichkeit, über die Bildsprache hinaus auf eine (eben nur imaginativ faßbare) Realität zu verweisen. Es besteht also nicht die Absicht, eine dünne Schicht abzusahnen, wie Beckett dies den Lesern von James Joyce vorgehalten hat[129], sondern ein Bestreben, die condition humaine zu begreifen, mit der Beckett uns konfrontiert, aus der heraus er sein Werk geschaffen hat. Dadurch würde der Zugang zu WATT nicht erschwert, sondern im Gegenteil sogar eröffnet[130].

Dieser Nachvollzug kann im einfachsten Falle in einem Aufnehmen der Bildsprache bestehen, im Sinne eines naiven Lesens, oder, im anderen Extremfall, in einem nachdenkenden Mitkonstituieren des immanenten Gehaltes, wofür der Aus-

---

129 Vgl. *Dante ... Bruno, Vico ... Joyce* in: *Samuel Beckett-Auswahl* (Frankfurt a. M. 1967), S. 19.
130 Der Ansicht von D. Hesla wird uneingeschränkt zugestimmt, es sei eine Hauptgefahr der Interpretation (z. B. von Mr. Knott) "that it can initiate an explication of the novel as an allegory in the traditional sense." Und: "... there is far too much in the novel which cannot be accounted for by reference to a neat allegorical system." (Hesla, D. H., a.a.O., S. 101/102).

druck „wissenschaftlicher Nachvollzug" vielleicht angemessen ist. Diese letztgenannte Form der Rezeption besteht in einer *Analyse,* an die sich eine *Synthese* anschließt. Der erste Eindruck wird durch die wissenschaftliche Betrachtung untermauert und ergänzt. Das Erfahrene wird verarbeitet, auf seinen Ideengehalt hin untersucht und in einen Sinnzusammenhang gebracht, der die Stufe der Bildwahrnehmung übersteigt. Das Bild ist, wenn es Sinnbild ist, nicht Endstation. Es geht darum, den ganzen Sinnzusammenhang zu begreifen, der, allerdings imaginativ, vermittelt wurde.

R. L. Brett schreibt[131]: "... *image* and *imagery* ... refer to any use of language that depends on concrete particulars rather than abstractions"; die Eigenart des Sinnbildes ist es jedoch, über sich hinauszuweisen, ein Problem, auf das in der Einleitung schon eingegangen worden ist. In einem Nachvollzug, der sich nicht im bloßen (naiven) Vorstellen erschöpft, sondern ein denkendes Begreifen ist, sehe ich eine berechtigte *Deutung,* den Versuch einer aktiven Interpretation. Je nachdem, welche Eigenerfahrung dabei mit einfließt, kann sie der „Bedeutung", die der Künstler selbst (bewußt oder unbewußt) dem Kunstwerk mitgegeben hat, nahe kommen oder auch nicht. Selbstverständlich gibt es Kunst, deren geistiger Gehalt so geartet ist, daß sie vom Betrachter als „bedeutungslos" angesehen wird. Das kann unabhängig von der wirklichen Qualität am Betrachter liegen oder aber am Werk selbst. Nur wenn es sich im literaturgeschichtlichen Sinne um ein realistisches Werk handelt (und dieser das Äußerliche betreffende Realismus auch allein gemeint, nicht aber Stilelement, z.B. einer Groteske, ist), bedarf die Rezeption keiner eigenen Anstrengung: der Sinn liegt sozusagen auf der flachen Hand. Das ist so, weil unser Bewußtsein an die Außenwelt ohnehin „angepaßt" ist.

Wenn Kunst tatsächlich nicht bloß „abbildet" sondern „offenbart", d.h. aufdeckt, dann muß das Aufzudeckende „gelesen", „begriffen" werden. Und das geschieht im Nachvollzug. Wenn es sich um literarisch verdichtete Sprache handelt,

---

131 Brett, R. L.: *An Introduction to English Studies* (London 1965), S. 22.

wie es bei Beckett der Fall ist, dann handelt es sich darum, die metaphorische Sprache der Literatur lesen zu lernen, die damit zum Ausdruck kommende „Realität zweiter Ordnung" zu begreifen[132]. Das sollte eine Selbstverständlichkeit sein.

Wenn Beckett vor einer allzu leichten Interpretation, bzw. einer zu oberflächlichen Deutung warnt, dann geschieht das deshalb, weil er in der poetischen Wirklichkeit lebt, in ihr bereits die *volle* Wirklichkeit erfährt und dies auch vom Leserpublikum bzw. seinen Zuschauern erwartet. Oft genug stellt sich vor den unmittelbaren dichterischen Ausdruck und dessen Aussagekraft eine intellektuell vorfabrizierte „Deutung", die verhindert, daß das Werk zu uns unmittelbar spricht. Eine solche Interpretationshaltung würde ein Kunstwerk seiner Tiefendimension berauben[133].

Gegen einen behutsamen Nachvollzug der Bildsprache, einschließlich ihrer rhythmisch-musikalischen Gliederung usw., wie sie für ein Kunstwerk wie WATT und seine metaphorische Sprache charakteristisch ist, gegen eine solche Aufschlüsselung wird ernsthaft nichts eingewendet werden können. Es is dies Teil einer Rezeption, die sich des Werkes selbst vergewissern will, es sich zu eigen macht, Teil auch einer Bewußtmachung des Inhalts, der mehrdimensional ist. Das hat nichts mit Willkür zu tun und nichts mit Interpretationslust.

Becketts Stil kann mit dem Wort „Unmittelbarkeit" bezeichnet werden. Dies spiegelt sein unmittelbares Erleben wieder. Direktheit des Ausdrucks, Denotationscharakter, Knappheit, Präzision charakterisieren seine „Visionen." Dies aus dem Text, aus der Komposition, aus gewissen formalen Eigenarten heraus ins Bewußtsein zu rücken, ist Aufgabe des Abschnitts B gewesen. Jetzt geht es um die Bildelemente selbst.

In WATT finden wir eine Frage an *das Sein und Werden* des Menschen gerichtet, die sich nicht scheut, in Bereiche vorzudringen, die rationalem Denken nicht zugänglich sind. Watt ist die personifizierte Frage an ein Dasein in mehreren Welten.

---

132 Vgl. Smuda, M.: *Becketts Prosa als Metasprache* (München 1970).
133 Vgl. hierzu nochmals W. Iser: *Der Akt des Lesens,* a.a.O., S. 13ff.

In mehreren Bewußtseinslagen. Das Leben der Seele geht durch Geburt und Tod hindurch. So wie der Schlaf Bewußtseins-Wandel ist, so ist dies das Geborenwerden und Sterben in noch radikalerer Weise. Watt geht durch diese Phasen hindurch und schildert, was er erlebt. Er ist kein „großer Eingeweihter", er ist „nur" ein Mensch. Allerdings verfolgt von einem großen irischen Dichter.

Auf Erden ist Watt ein mühselig Beladener, mit seinen Taschen. Seiner Umwelt bleibt er manches schuldig, nicht nur fünf Shilling bzw. sechs Shilling neun Pence. Er ist ein armer Schlucker, ein Jedermann, heruntergekommen, am Ende seiner Kraft.

Seine Reise beginnt er immer am Bahnhof, sowohl zu Beginn, als auch nach seiner Rückkehr aus Mr. Knotts Haus. Schon die einleitende Rahmenhandlung enthält, wie man erleben kann, nicht nur zufällig ein Herumreden um Schwangerschaft und Geborenwerden. Es beginnt mit einer Liebesszene auf der Bank, die Hackett beobachtet, es geht weiter mit dem Vorübergehen einer schwangeren Frau, es folgt zielstrebig die Retrospektive auf die Wehen und die Entbindung von Mrs. Nixon (Tetty), deren Sohn Larry sozusagen mitten hinein in eine Gesellschaft, d.h. ins Leben geboren wird. Alles das ist nicht bloß der Unterhaltung wegen erzählt, es stimmt in das Thema „Geborenwerden" ein. Das ganze Dasein aber ist eine Qual, das Geborenwerden ebenso wie das Sein auf Erden. Das drückt sich nicht zuletzt in Mr. Hacketts verkrüppelter Gestalt aus, in seiner Verlassenheit, seinem kümmerlichen Schicksal (vom frühen Sturz von der Leiter als von den Eltern verlassenes oder vernachlässigtes Kind). Noch ehe Watt überhaupt auftritt, hat der Leser ein umfassendes Bild von dem, was Beckett selbst vom Dasein hält[134].

---

134 J. Jacobsen und W. Mueller (a.a.O., S. 111) weisen mit folgenden Worten auf den gleichen Tatbestand hin: "Man begins, for Beckett, not only with the unretractable fact of birth, but with the fact that his birth, the misery of life, and the desirability of death are many and various." Und: "Becketts many remarks on birth – and conception – are hardly cheerful."

Watt taucht auf, aber man erfährt eigentlich nicht, wie er zum Bahnhof kommt. Dort erlebt er einen Zusammenstoß mit einem „Gepäckträger", der „Milchkannen" schleppt. Es mag kühn erscheinen, dennoch spricht einige Kenntnis der Bildsprache Becketts dafür, daß Watt hier geboren wird, d.h. seine Reise im Zug beginnt, nachdem er diesem „Gepäckträger" (mit seinen Milchkannen) so unsanft begegnet ist. Da das Geborenwerden eine „Strafe" ist (und eine recht unsanfte Angelegenheit dazu), das Muttersein eine Plackerei, das „Schleppen von Milchkannen" zu dieser Plackerei gehört, liegt der Schluß nicht so fern, daß Watt erst diesen Schock erleben mußte, ehe für ihn die Lebensreise losgehen kann. Die sophistische Belehrung durch Mr. Spiro ist wohl Teil seiner „Erziehung", die Watt jedoch als sinnlos erlebt. Den Zug muß er schließlich unvermittelt verlassen. Er wandert zu Mr. Knotts Haus. Auf dem Wege dorthin erleidet er, nachdem ihm auch Lady McCann noch zugesetzt hat, einen Schwächeanfall, rollt buchstäblich in den Graben, ins Grab, wo er den gemischten Chor (die Engel) singen hört. Er bleibt liegen, das Gesicht nach unten. Watt kommt dann zum Haus, das zunächst verschlossen scheint, in Wirklichkeit gelangt er nach kurzem Suchen hinein, er geht *über die Schwelle* (des Todes) und weiß nicht wie. Auch Arthur geht es später nicht anders[135].

Anläßlich des Todes seines neugeborenen Sohnes hat Gotthold Ephraim Lessing (1729–81) einer ähnlichen Empfindung Ausdruck gegeben. Und zwar in einem Brief an seinen Freund Eschenburg (datiert wurde er auf den 31. 12. 1777) aus Wolfenbüttel, den er schrieb, während seine Frau im Kindbett im Sterben lag: „Und ich verlor ihn so ungern, diesen Sohn! denn er hatte so viel Verstand! so viel Verstand! – Ich weiß, was ich sage. – War es nicht Verstand, daß man ihn mit eisernen Zangen auf die Welt ziehen mußte? daß er sobald Unrat merkte? War es nicht Verstand, daß er die erste Gelegenheit ergriff, sich wieder davon zu machen? –" (vgl. Faskimile-Druck der Herzog-August-Bibliothek Wolfenbüttel: *Zwei Briefe Lessings über den Tod Eva Königs,* o.J.). Wegen des hier zitierten Abschnitts brachte ich Samuel Beckett den Faksimile-Druck dieser Lessingbriefe am 22. 2. 1975 mit nach Berlin.

135 Den Tod als *Schwellenübertritt* (vom Diesseits zum Jenseits) zu bezeichnen, ist eine durchaus übliche Ausdrucksweise. Es wird auch von der „Schwelle zur geistigen Welt" in diesem Zusammenhang gesprochen (vgl. Steiner, R.: GA Band 206).

Im Haus verglimmt das Feuer, er nimmt den Hut ab, mit dem er das Licht abdeckt, dadurch kann er die Asche glühen sehen[136].

In Mr. Knotts Haus herrscht hierarchische Ordnung, einer geht, der andere kommt, Watt erhält eine Erklärung. Es gibt hier also Dienende (auf verschiedenen Etagen) und einen Herrn (wie im Himmel). Mit der Einführung durch Arsene beginnt Watts Leben im „Jenseits", also der zentrale Teil des Romans. Zunächst lassen sich Watts Erfahrungen noch einigermaßen mitteilen, d.h. in eine Erzählform bringen, die verständlich ist (Teil II). Das wird anders, als er aufrückt.

Im Untergeschoß muß Watt verhältnismäßig niedere Dienste verrichten, den Unrat beseitigen, dann Mr. Knott (wer immer das ist, er ist der „Meister") die Nahrung zubereiten und bringen. Während dieser Zeit lernt Watt, sich mit der neuen Wirklichkeit vertraut zu machen, beispielsweise mit der Tatsache, daß hier die logischen Bezüge (wie es für das Irdische selbstverständlich war) nicht mehr gelten. Die „Wirklichkeit" ist in diesem Bereich, wie der Besuch der Galls (Vater und Sohn) demonstriert, eine andere. Eine solche Welt ist zunächst nur imaginativ zu schildern möglich, und die Bildfolge ist keine äußerlich Logische. Die Zeit hat ihren Charakter verändert, Erinnerungen bestimmen seinen Gedankengang. Watts Bericht darüber ist undeutlich, die „Schnelligkeit" seines Redeflusses fällt ebenso auf wie die Absonderlichkeit der Syntax. Dies alles weist auf die nächste Erlebnis-Ebene bereits hin, wo die Darstellungsprobleme noch größer werden (Teil III). Für Watt ist die Zeit gekommen, aus dem Nichts heraus etwas zu schaffen. Etwas, das durch das Sprechen (Denken) erst Wirklichkeitscharakter erhält. Hier tritt auch die Gefahr des Anthropomorphen auf. „Jedes Wort ist eine Lüge", an diesen Ausspruch Becketts ist zu denken. Die Beschreibungen sind in

---

136 Watts Verhalten, das Schattenwerfen an die Wand etc. erinnert an Platons Höhlenbeispiel: die schattenhaften Ideen. Daß ihm sein Hut dazu dient, ist nicht zufällig; schon der Stein, den Lady McCann warf, traf den Hut, so daß er zu Boden fiel. (Ohne Hut kann Lucky in *En attendant Godot* nicht denken!).

der Gefahr, vage, unexakt zu werden. Es fehlen die rechten Worte. Umschreibungen sind an die Stelle unmittelbaren Ausdrucks getreten, diese Umschreibungen sind jedoch nicht irrsinnig, sie sind absurd, weil sie unserer Erwartung nicht entsprechen. Die Schwierigkeiten geben Anlaß zu vielfachen Neuansätzen, zu neuen Bildelementen, wenn die bisherigen versagen. In diesem Bereich ist alles in ungeheurer Bewegung, denn diese Wirklichkeit läßt sich nicht mehr mit statischen Begriffen fassen.

> To such an extent is this true, that one is sometimes tempted to wonder, with reference to two or even three incidents related by Watt as separate and distinct, if they are not in reality the same incident, variously interpreted. (S. 75)
>
> ... The state in which Watt found himself resisted formulation in a way no state had ever done, in which Watt had ever found himself ... (S. 78)

Doch Watt gewöhnte sich an diesen „Seinsverlust". Er versucht, seine Wahrnehmungsfähigkeit zu erweitern.

Manche Bildelemente kehren immer wieder. So die „Ratten", unter denen Watt nicht etwa leidet, sondern die er besonders liebt. Diese Ratten machen ihm sogar Freude. Als er und Sam (in Teil III) eine besonders fette junge Ratte den anderen Ratten zum Fraß vorwirft, gibt ihm das das Gefühl, Gott am nächsten zu sein. Diese merkwürdig anmutende, groteske Formulierung, die etwas Abstoßendes hat, ist nur begreiflich, wenn wir unter den „Ratten" (die auch die Hostie fressen könnten!) nicht etwa lebende Tiere verstehen, sondern „nagende" Gedanken und Erinnerungen, intellektuelle Ungeheuer (Begriffe, Vorstellungen), die in einem bestimmten Moment einander zum Fraß vorgeworfen werden, sich selbst vertilgen. Es wäre unsinnig, ausgerechnet hier aus dem Bilderbewußtsein „auszusteigen" und ästhetische Maßstäbe anzulegen, die hier eine andere Bedeutung haben müssen.

Watt fühlt sich, gemeinsam mit Sam, erst dann der neuen Wirklichkeit nahe, als es gelingt, die Ratten einander zum Fraß vorzuwerfen, d.h. sie „in Schach zu halten", sie zu vertilgen. Entsprechende Ratten-Bilder treten auch in anderen Romanen Becketts auf. In *Comment c'est* spricht Beckett von der Vergangenheit als der „kleinen Ratte" auf den Fersen eines Menschen und in *L'Innommable* fragt sich der Namenlose, ob er, wenn er redete, um nichts zu sagen, vielleicht vermeiden könne, von einer alten satten Ratte zernagt zu werden. Verdrängung von Erinnerungen? In WATT wird dieses „Spiel" mit den Ratten nicht recht zuende geführt, immerhin aber bis zu jenem „Gefühl", dadurch Gott am nächsten zu sein.

Andere Motive, die einfacher zu begreifen sind, wie z.B. die Taschen, die immer dann abgesetzt werden, wenn Watt im „Jenseits" eintrifft (und die Last und Erfahrung des Lebens „absetzen" darf), oder der erwähnte Hut (zweifellos eine Melone), sind „poetische Wahrheiten", Realsymbole einer Bildersprache, wie sie hier angemessen ist. Man muß sehr genau lesen. So sind die Taschen, die Watt beim Verlassen des Hauses von Mr. Knott wieder aufnimmt, bei weitem nicht ganz leer. Eine gewisse Last ist schon wieder (oder noch) vorhanden, auch wenn er sich auf die neue Reise, die nächste „Jagd" begibt. Im Hinblick auf die mit der Melone zusammenhängenden Kräfte des menschlichen *Denkvermögens* ist zu berücksichtigen, daß wir geneigt sind (wie in der Slapstick-Komödie in *En attendant Godot*) mit solchen „alten Hüten" zu spielen, daß Hüte jedoch auch dazu dienen, den Menschen „zu behüten". Das (irdische) Denken schirmt den Menschen ab, macht ihn selbständig. In kultischen Zusammenhängen, wie in der katholischen Kirche, weiß (oder wußte) man von diesen Zusammenhängen, sonst wäre die Kopfbedeckung (z.B. für Frauen) nicht vorgeschrieben. Die Geste des „Bei-Sich-Seins" oder „Außer-Sich-Geratens" spielt hier eine Rolle.

Lucky denkt solange fort, bis ihm der Hut vom Kopf gerissen wird, Lady McCanns Attacke (sie ist eine fromme, militante Dame) gilt Watts Hut.

Was aber bedeuten die Hunde? Im Verhältnis zu Mr. Knott sind sie nicht viel anderes als die Familie Lynch, und diese, hauptsächlich mit dem Geschäft der Vermehrung beschäftigt, besteht aus nichts anderem als aus armen Kreaturen, deren Dienste man von Fall zu Fall braucht. Und wenn es nur zur Abfallbeseitigung wäre. Darum werden ganze Gemeinden von hungrigen Hunden und Menschen gebildet. Eine durch und durch sarkastische Betrachtungsweise, das ganze lächerliche Elend der Abhängigkeiten persiflierend[137].

Im Zusammenhang mit der Familie Lynch (sic!) wird auch vom „Verschontwerden" gesprochen. Verschont werden Lebende und Ungeborene. Die einen vom Elend des Lebens, indem sie 'sterben (wie Liz, die vierzigjährige Frau nach der zwanzigsten Entbindung!), die anderen vom noch größeren Elend des Geborenwerdens, so läßt sich das begreifen.

Vor dem Übertritt in das nächste Stockwerk erfährt der Leser über Erskine, der dort vor Watt seinen Dienst verrichtet, wie unruhig er hin- und herhastet. Watt ist neugierig und versucht herauszufinden, was in Erskines Zimmer ist.

Dort hängt ein merkwürdiges Bild, mit dem unten offenen Kreis und dem blauen Fleck, ein bewegliches, dynamisches Bild, wie gesagt wird. Ein Kreis und seine Mitte auf der Suche nacheinander, in grenzenlosem Raum, in endloser Zeit (also außerhalb von Raum und Zeit).

Ein Bild für das Ganze des Buches und für den Ort, an dem Watt nun angelangt ist. Das Bild, das Gemälde, ist integrierter Bestandteil von Mr. Knotts Hauswesen, stellt Watt nach langwierigen und mühseligen Betrachtungen fest.

Alles ist ein Kommen und Gehen, diese Erkenntnis wird als „Xenie zehnten Grades" bezeichnet, was komisch klingt, aber durchaus ernst gemeint sein dürfte. WATT handelt vom Suchen eines Zentrums nach seiner Peripherie, vom Ich nach seiner geistigen Heimat, seinem eigentlichen „Umkreis." Watt wird schließlich Mr. Knotts ansichtig und interessiert sich zunehmend für dessen *Geist*. Er bemerkt Knotts fortwährenden Gestaltwandel. Jetzt ist er reif zum Aufstieg in das Obergeschoß. Diese Region in Mr. Knotts Haus ist nur mit einem ge-

---

[137] Vgl. J. Jacobsen und W. Mueller, a.a.O., S. 100: "Most of Beckett's mirthless laughs are directed against physical deformity, against the processes of elimination and eating, against loathsome and even pathetic sexual practices. Virtually all of his characters are deformed in one way or another, and no family in the history of literature suffers so many fascinating variations of deformity as the Lynches..."

spaltenen Bewußtsein erfaßbar. Und auch dies gelingt nur ungenügend. Watt fühlt, wie er daran scheitert[138].

Man darf sich nicht vorstellen, daß im Roman WATT ein vollständiger Überblick über die Wanderung durch das Seelenreich gegeben wird. Immerhin werden in einem Abriß wesentliche Eigentümlichkeiten dieser Region dargestellt. In erster Linie gehört hierzu die Umkehr der Verhältnisse, die totale Inversion. Diese besteht nicht nur in einer Zerstörung der linear-kausalen Logik, diese ist schon vorher „ad absurdum" geführt worden, zunächst durch Arsenes Rückblick auf seinen Aufenthalt in Mr. Knotts Haus, dann als Watt selbst sich noch im Untergeschoß aufhält. In Mr. Knotts Haus herrscht die Gesetzmäßigkeit der imaginativen bzw. inspirativen und intuitiven Welt, deren Abschattung man mit Hilfe von Vorstellungsbildern, Tönen, Worten usw. (die der gewöhnlichen Welterfahrung entnommen sind) geschildert bekommt.

Der erste Übertritt Watts in das Hauswesen von Mr. Knott ist bereits ein Eintreten in einen nichtirdischen „Lebensraum". Watt ist nicht mehr belastet mit seinem irdischen Kram, er widmet sich mehr und mehr dem Dienst an Mr. Knott. Auch die vorher – und später wieder – auftretenden Qualen (wie das Anlegen der Kleider) sind hier von ihm genommen. Dafür gibt es eine Menge Verständigungsprobleme bzw. Probleme des Verstehen-Könnens. Watt, weil er kein großer Einge-

---

138 Eine "Dissoziation" der Wesensglieder schildert auch R. Steiner als Voraussetzung von „übersinnlicher Wahrnehmung". Die normale Konfiguration von Ich, Seele (Astralleib) und Lebensleib, deren Trennung vom physischen Leib nur im Tode erfolgt, kann (innerhalb der höheren Glieder) ausnahmsweise in Form eines „Auseinandergehens" (ähnlich wie im Schlafzustand) *bewußt* herbeigeführt werden, was zu „geistigem Schauen" führt. Dieses Schauen wird in drei Varianten geschildert: Imagination (= Bilderbewußtsein), Inspiration (= geistiges Hören) und einem Zustand der Intuition (als Ausdruck einer dreistufigen Bewußtseinserweiterung). Näheres siehe Steiner, R.: *Theosophie* und *Wie erlangt man Erkenntnisse der höheren Welten* (beide 1904), Nr. 9 bzw. 10 der Rudolf Steiner Gesamtausgabe (Dornach); weitere Einzelheiten finden sich auch in zehn Vorträgen, die Steiner 1913 in Den Haag gehalten hat: „Welche Bedeutung hat die okkulte Entwicklung des Menschen für seine Hüllen – physischen Leib, Ätherleib, Astralleib – und sein Selbst?" in Nr. 145 der R. St. GA (Dornach).

weihter ist, hat eben im Hause Mr. Knotts ganz große Schwierigkeiten.

Am liebsten wäre er immer bei sich, in seinem eigenen Pavillon geblieben, nie, nie wollte er ihn verlassen. Doch das war nur ein „Lippenbekenntnis", an das er sich nicht halten konnte. Watt muß weiter, muß aus seinem neuen Domizil heraus. Um mit dem zurückgebliebenen Sam zu kommunizieren, muß zunächst eine Brücke ausgebessert werden, müssen Löcher mit großer Wucht von „irgendjemandem" in den Zaun gerissen werden. Das „Wetter" muß günstig sein, es muß Sonne (Klarheit) und Wind („Pneuma", Bewegung) herrschen, damit beide zueinander können. „Gestrüpp" behindert die Bewegungsfreiheit, ähnlich wie in vielen anderen Beckett-Texten[139].

Watt reißt sich am Zaun blutig. Für einen Augenblick wird das Bild des „Ecce homo" sichtbar. Hier ist der Ort, wo endlich die fette junge Ratte von den Ratten gefressen wird, die sie zum Fraß vorgeworfen bekommen. Watt und Sam sind in diesem Moment beisammen, sie sind sich (nach einem Meinungsaustausch) einig. Was wie eine Blasphemie wirken konnte, erhält in diesem Licht betrachtet einen ganz anderen Akzent: die beiden waren in solchen Momenten Gott am nächsten, weil sie alle irdischen Erinnerungs- und Vorstellungsbilder getilgt hatten. Aber der Zustand kennt keine Dauer. Das Zusammentreffen von Watt und Sam ist immer nur ein Zeitweiliges.

Über das Rückwärtsgehen (Kriechen) und -Sprechen ist ausreichend und an Hand zahlreicher Beispiele in Abschnitt B, berichtet worden. Es sei daran erinnert, daß dieses Phänomen auch andere Berichterstattern bekannt ist, z.B. jenen, die im Augenblick des Sterbens (oder Beinahe-Sterbens) dieses Erlebnis eines „rückwärts in rasender Geschwindigkeit ablaufenden Films" hatten[140]. R. Steiner, der diese Erscheinungen mit den Mitteln seiner Geisteswissenschaft erforscht hat,

---

139 Vgl. Beckett, S.: *Nouvelles et Textes pour rien* (Paris 1958), S. 113f. (dt. Frankfurt a. M. 1962, S. 99f.).
140 Vgl. Moody, R. A.: *Leben nach dem Tod* (Reinbek b. Hamburg 1977).

bringt dies mit der „Lockerung" oder anfänglichen Loslösung der Seele (Astralleib) des Menschen aus seinem Lebensleib (Ätherleib) in Zusammenhang, welche im Augenblick des Todes beginnt. (Im Ätherleib sind demnach die Bilder der Erinnerung enthalten.) Die Umkehr der Dinge, die im Bilde des Durchbrechens einer Spiegelwand auch sonst in der Literatur auftritt, gehört zu dem gesicherten Bestand unserer Vorstellungen vom Übertritt ins Jenseits. So wie das Sterben (als ein leiblicher Prozeß) eine gewisse Zeitdauer beansprucht, ehe der Moment des Todes eintritt, der die Umkehrung der Verhältnisse einleitet, so kann auch für das „Leben nach dem Tode", wenn auch in übertragenem Sinne, von einer Zeitstruktur gesprochen werden [141].

Voraussetzung für eine *geistige* Wahrnehmung ist das Beiseiteräumen *äußerer* Wahrnehmungen. Ein Teil dieser „Aufräumungsarbeit" geschieht in WATT durch die (inkompletten) logischen Serien. Das Überrationale zeigt sich auch im Spiel mit mathematischen Bildern, etwa den Irrationalzahlen, oder am Beispiel des Wurzelziehens. An das Vorstellungsvermögen des Lesers werden ganz erhebliche Anforderungen gestellt. Die Ergebnisse sind oft unbefriedigend, weil die Beschreibung immer nur annäherungsweise möglich ist.

Mr. Knott ist und bleibt für Watt ein fernes Wesen, das durchaus „höherstehend" ist, obwohl er ihm in sein Haus folgen darf. Mr. Knotts „Aura" wird so geschildert, daß sie die Lage für Watt eher verdunkelt, als erhellt. Für Watt bleiben, trotz seines weiteren Fortschreitens, „anthropomorphe Vorstellungen" von dem, was Mr. Knott in Wahrheit ist. Watt stellt sogar die Mutmaßung an, es könne Mr. Knott überhaupt nur so lange existieren, wie es Zeugen seiner Bedürfnislosigkeit gäbe. Aber das kommt Watt nur zögernd über die Lippen.

Gegen Ende (von Teil III) entschwindet ihm Mr. Knott offensichtlich. Watt hört nämlich Mr. Knotts Gesang eintöniger und schwächer. Er erkennt auch kaum noch den Sinn des Gemäldes in seinem Zimmer, das früher Erskines war. Sein Be-

---

141 Vgl. Hemleben, J.: *Jenseits* (Reinbek b. Hamburg 1975).

wußtsein von der geistigen Welt erlahmt, es naht für ihn die Zeit, wo er „den Kreis" (d.h. seine kosmisch orientierte geistige Heimat) durch den Nadir wieder wird verlassen müssen. Watt steht vor seiner Rückkehr zur „Bahnstation".

Mr. Knotts Haus und Park sind keine Endstationen für Watt. Der Ausspruch über das Rülpsen Mr. Knotts erinnert sicher nicht nur zufällig an das „Alles fließt" des griechischen Philosophen Heraklit (um 500 A.D.). Beckett zitiert ihn in ähnlich respektloser Weise, wenn er Estragon sagen läßt: „Man tritt nicht zweimal in denselben Dreck."[142]

Es bleibt noch zu bedenken, *wie* Watt zurückkehrt – und *warum* er überhaupt zurückkehrt ins Dasein.

Tatsache ist, daß Watt Mr. Knotts Haus verläßt und zurück zum Bahnhof wandert. Eine Erklärung dafür wird nicht gegeben. Seine Zeit ist eben abgelaufen. Er sitzt in der Küche, die Milch „sauert", er raucht eine schlechte Zigarre zuende. Seine Zeit im Haus von Mr. Knott ist vorbei, warum weiß man nicht, aber ein Neuer ist angekommen, und das muß genügen.

Die allgemeine Vorstellung (Hoffnung) geht dahin, daß nach dem Tod ein „ewiges Leben" im Jenseits beginnt. Immer häufiger herrscht heute auch die Vorstellung, alles sei mit dem Tode „aus". Das jedoch ist erst im Zeitalter des Materialismus eine verbreitete Vorstellung; früher waren die meisten Menschen von einem Fortleben nach dem Tode überzeugt. Dem christlichen Glauben ist eine Wiedererweckung der Toten (am jüngsten Tag) geläufig. Weniger im Bewußtsein ist innerhalb des Abendlandes die Idee der Wiederverkörperung, die allerdings dem Christentum nicht so fremd ist, wie konfessionelle Vertreter vielfach meinen oder vorgeben, um sich von theosophischen Kreisen oder östlichen Religionen abzusetzen[143]. Die Anthroposophie Rudolf Steiners rechnet mit der Reinkarnation als einer geistig-seelischen Realität[144].

---

142 Vgl. *Warten auf Godot*, 2. Akt, in *Samuel Beckett-Werke*, a.a.O., S. 63.
143 Vgl. Bock, E.: *Wiederholte Erdenleben* (Die Wiederverkörperungsidee in der deut. Geistesgeschichte) (Stuttgart 1932 (1952)) und Wiedemann, G.: *Gedanken über die Unsterblichkeit als Wiederholung des Erdenlebens* (Stuttgart 1961).
144 Vgl. Steiner, R.: *Reinkarnation und Karma*, TB (Stuttgart 1961).

Zu Beginn des Vierten Teils ist Watt bereit, das Haus von Mr. Knott zu verlassen. Er geht durch die Allee, die vom Mond und anderen Himmelskörpern beschienen wird. Sie vergossen

> ... a light so strong, so pure, so steady and so white, that his progress, though painful, and uncertain, was less painful, less uncertain, than he had apprehended, when setting out. (S. 222)

Seine diesmalige Ausrüstung, die vorher im Detail beschrieben worden war, läßt das ganze Elend ahnen, in das er zurückkehrt. Hier ist die Stelle, wo von der „grauen Luft im Wirbel vergeblicher Entelechien" gesprochen wird, die um Watt wie Schatten herumwehen. Watt nimmt seine Taschen wieder auf, die noch dreiviertel leer sind, und geht zum Bahnhof.

Beckett nimmt mehrfachen Anlauf, um das nun folgende *intrauterine Leben* zu beschreiben. Zunächst wird auf die Haltung hingewiesen: Watt überkommt ein Verlangen nach Ruhe und Wärme, er bückt sich, will seine Arme auf den Tisch legen und seinen Kopf in seinen Armen begraben. Träume von einem schrecklichen Sturz aus der Höhe in das mit Steinen gespickte Wasser plagen ihn.

> So he stooped, but he did not stoop far, for hardly had the stoop begun, when it ended ... when he checked it, and remained fixed, in an aggravation of his semi-upright station, a situation so lamentable that he remarked it ... Inwardly he was diverted, to be sure, and for an instant his mind turned off from care, but less than if he had had the force to smile, or outright to laugh. (S. 221)

Als Watt am Bahnhof angekommen ist, hat er beim Rückblick in Richtung von Mr. Knotts Haus eine Vision. Er sieht eine ungewöhnlich große und unelegante Gestalt, eine Frau oder Nonne oder auch einen Mann oder einen Priester. Sie trägt ein Gewand, das wie ein Laken aussieht, und diese geschlechtslose Gestalt trägt auf ihrem Kopf so etwas wie einen flachgedrückten, umgekehrten Nachttopf. Watt bemerkt plötzlich in seinem tiefsten Dunkel das Aufleuchten und Löschen der Worte „Da hilft nur Diät". Doch Watts Sorge gilt nicht dem, was die Gestalt in Wirklichkeit ist, sondern dem, was die Gestalt in Wirklichkeit zu sein scheint. Und es wird hinzugefügt: "For since when were Watt's concerns with what things were, in reality?" (S. 226)[145]

Watt gelangt also zur Station und verbringt den Rest der Nacht im Warteraum, der nach beiden Richtungen hin abgeschlossen ist. Dieser Aufenthalt ist ein getreues Abbild des Aufenthaltes im Mutterleib.

H. Breuer[146] widmet der „Rückkehr in den Mutterleib" in Becketts Werk ein ganzes Kapitel seines Buches. In Bezug auf WATT kommt er zu keiner definitiven Aussage. Watts Weg geht durch Geburt und Tod, ist also nicht vergleichbar mit einer Sehnsucht zurück in den Mutterleib; von dieser Vorstellung scheint mir, gehen aber jene Interpreten aus, die mit herkömmlichen psychologischen Vorstellungen an das Thema „intrauterines Leben" bei Beckett herantreten. So weist auch Breuer nur auf die allgemein bekannte Tatsache hin, daß in Becketts Werken immer wieder eine solche intrauterine Haltung angesprochen wird: in *More Pricks Than Kicks*, in *En attendant Godot*, in *Comment c'est*, *Imagination Dead Imagine*, *Ping*, in *Murphy* und eben in WATT. In *Molloy* spielt Beckett sogar auf vorgeburtliche Erinnerungen an.

Noch vorm Warteraum legt sich Watt auf die Bank, den Hut auf dem Gesicht und gibt sich Mühe mit seinen Visionen: Augen auf im Dunkeln! Watt spürt bereits in seinem Kopf „Stimmen" wispern, wie „ein Getrippel von Mäusen". Regen sich in seinem Gehirn die ersten Gedanken? Er hat auch bereits „Ausscheidungsprobleme". All das deutet auf ein Heranwachsen im Mutterleibe und ein traumhaftes Bewußtsein von wiedererwachenden irdischen Leibesfunktionen. Mr. Case vermag ihn mit seiner Sturmlaterne zu beruhigen. Watt hat sodann merkwürdige Gleichgewichtsprobleme. Er bemerkt auch, daß der „Wartesaal" frei von Möbeln ist, es gibt nur einen Boden, Wände und Decke. Später wird er gewahr, daß doch

---

145 Die Frage nach dieser unförmigen Gestalt ist nicht leicht zu beantworten. Am plausibelsten scheint mir die Vorstellung, es handele sich um ein Erahnen des Ätherleibes, der sich als „Gestalt" formiert und der Seele (Watt) angliedert. Vgl. Steiner, R., GA Bd. 9, wo über die Verkörperung von Seele und Geist referiert wird.
146 Breuer, H.: a.a.O. (1972), S. 72ff.

ein als merkwürdiger „Stuhl" beschriebener Gegenstand vorhanden ist, der am Boden festgemacht ist, sich aber offenbar teilweise schon löst — die Plazenta. Zunächst aber hatte Watt den Eindruck, während er sich „sigmaförmig" in seiner Mitte hängen ließ (!), daß dies ein Wartesaal war, bei dem sich sogar die feinsten Nuancierungen von sonderbar und normal als unzutreffend erwiesen. Man erinnere sich, daß der Embryo tatsächlich „sigmaähnlich" gekrümmt und verkehrt herum im Uterus schwimmt, d.h. er hängt an seiner Nabelschnur (von „Oben" herab) und die Planzenta ist sozusagen sein „Stuhl".

Es wird schwer sein, für diese Lagebeschreibung Watts eine andere als diese Erklärung zu finden. Das merkwürdige „Etwas" wird übrigens so beschrieben, daß es weder zur Decke noch zur Wand, und auch nicht zum Boden gehörte, was gleichfalls nur zur Plazenta paßt. Es fällt Watt auch ein übler Geruch auf, von dem er glaubt, daß er durch die Ritzen des Fußbodens strömt. Dies erinnert an die Nähe des Rektums, des hinter bzw. unter dem Uterus liegenden Enddarms, so daß Watt beinahe genötigt gewesen wäre, seine Taschen abzusetzen und sein Taschentuch hervorzuziehen, oder genauer, seine Rolle *Toilettenpapier* ...

Die bildhafte Beschreibung dieser Lokalität, dieses Warteraums in der Bahnstation vor dem Beginn einer neuen Reise, paßt nur zu einem Aufenthalt in utero. Watt muß durch diesen Aufenthalt im „Warteraum" hindurchgehen, ehe er in die „Freiheit" entlassen wird.

Es folgt die Ausstoßung aus der Gebärmutter. Das geschieht bekanntlich unsanft. Watt, der der Wartesaaltür nahe war, erhält deren Flügel an den Kopf geschlagen und liegt betäubt am Boden, wo ihm Wasser (mit Blut vermengt, weil der Eimer ihn trifft), übergegossen wird, um ihn *ins Dasein zu bringen.* "Now I am at liberty, said Watt, I am free to come and go, as I please." (S. 237)

Mr. Gorman, der Stationsvorsteher, sagt hintereinander "Poor fellow ..." und "Help him to rise ..." (S. 238) Dann ist eine Lücke im Manuskript (eine Bewußtseinslücke Watts vermutlich) und Mr. Gorman sagt, man könne ihn doch nicht so da liegen lassen ... Es folgt hierauf Hölderins „... Klippe zu

Klippe geworfen," d.h. „Hyperions Schicksalslied", ein Gesang, der in diesem „Schicksalsaugenblick" zu Watt dringt.

Der Geburtsvorgang wird von den Umstehenden, wie häufig üblich, mit Glossen begleitet, die man nicht gern wiederholt. „Ist das seine Fresse?" sagt Mr. Nolan, „oder ist es ein Loch in seiner Hose", ehe dann der Eimer mit dem schlickigen Wasser, den Mr. Nolan und Mr. Gorman halten, ausgekippt wird. Mr. Gorman spuckt noch mit Nachdruck in den Eimer. Die Frage nach „Fresse" oder „Loch" zielt offensichtlich darauf ab, ob das Kind (Watt) mit dem Kopf oder mit dem Steiß zuerst zur Welt gekommen ist. Weitere Personen treten hinzu, so vor allem die berüchtigte Lady McCann (die Mr. Gorman gerade zur Hölle gewünscht hatte), von der wir erinnern, daß sie Watt auf dem Wege zum Hause von Mr. Knott gefolgt war, ihm mit einem Stein den Hut vom Kopfe warf.

Es kommt, ähnlich wie in *En attendant Godot,* ein atemloser Junge als Bote von einem „Mr. Cole", der offenbar der Herr über die fahrenden Züge ist. Mr. Cole bemängelt, daß diese Züge keine Durchfahrt hätten, vom Weichensteller aufgehalten würden. Lady McCann, die den Mr. Cole offenbar nicht einmal kennt, schickt den Jungen zu seinem Herrn zurück, damit er ihm ausrichte, dies sei der Schauplatz „schrecklicher Ereignisse" (nämlich des Geborenwerdens!) — aber jetzt sei alles wieder gut. (S. 259) Der Verdacht soll hier geäußert werden, daß „Mr. Cole" nur ein Deckname für Mr. Knott ist. Der Name *Cole* erinnert durchaus an "cool", was auf die Distanziertheit dieses Herrn hinweist. Mr. Cole (alias Mr. Knott) als ferner (unnahbarer) Herr der Züge (Lebenswege?) bemängelt den durch falsche Weichenstellung verursachten „Aufenthalt"; er verkehrt mit den Beteiligten jedoch (wie Godot) nur durch einen Boten (Engel). Der parodistische Charakter dieser Schilderung des Geburtsverlaufs ist unübersehbar, die Implikationen allerdings auch.

Mr. Case findet, nachdem er den Schlick von Watts Gesicht teilweise abgekratzt hat, daß er „derselbe"sei, die Kleidung, sagt er, scheint mir die gleiche zu sein. Als Watt schließlich aufsteht, zum nicht geringen Ergötzen von Mr. Gorman und anderen Umstehenden, fragt ihn der Stationsvorsteher noch:

"Who the devil are you, said Mr. Gorman, and what the hell do you want?" (S. 243) Eine Frage, die jedem Neugeborenen in ähnlicher Weise entgegenklingen mag. Hier klingt sie in Watts Ohren.

Das Ende ist bekannt: Watt löst sich eine Fahrkarte, seine neue Lebensreise kann beginnen. Zu irgendeinem (unbekannten) weiten Ende. "All the same, said Mr. Gorman, life isn't such a bad old bugger." (S. 245)

3. Zur psychologischen Situation Watts und seines Schöpfers

Zwei Fragen ergeben sich aus der bisherigen Betrachtung des Romans WATT. Erstens nach der psychologischen Situation aus der heraus dieses Werk geschrieben worden ist. Diese Frage zielt auf die innere biografische Situation Becketts selbst hin, insofern sie sich in der von ihm geschaffenen Figur widerspiegelt.

Zweitens schließt sich daran die Frage nach der Bedeutung der in WATT dargestellten Problematik für uns als Leser mit einem anthropologisch-orientierten Interesse. Das Subjektive einer Dichtung findet gewöhnlich leicht ein Leserinteresse. Es gibt einem Werk persönlichen Charakter und Farbigkeit. Diese Originalität gehört zur Größe eines Kunstwerkes; manchmal macht sie allein dessen Größe und Bedeutung aus. Es gibt aber Werke, durch die wir auch Neues in Bezug auf unser Menschsein lernen, weil sie Allgemeingültiges auf- oder entdecken. WATT kann man für ein solches Kunstwerk halten.

Zur Beantwortung der ersten Frage sind wir auf Becketts Text und seine gelegentlichen Stellungnahmen angewiesen. Im Hinblick auf WATT ist dies in den vorangehenden Abschnitten dieser Arbeit geschehen. Manches können wir dazulernen, wenn wir außerdem auf *Murphy* zurückgreifen. Becketts Werke gehen nicht nur chronologisch, sondern auch inhaltlich auseinander hervor. Auf dieser Annahme baut auch E. P. Levy[147] seine Argumentation auf.

---

147 Levy, E. P.: *Beckett and the Voice of Species*, a.a.O. (1980).

Becketts Erzählungen weisen — wie alle bedeutenden fiktionalen Texte — auf gewisse zeittypische Situationen hin. Die bewußtseinsmäßige Hinwendung auf die durch *Murphy,* WATT, *Mercier et Camier* und die Trilogie aufgeworfenen existentiellen Fragen können den Leser zu einer selbständigen Beantwortung dieser Fragen und zu einem bewußteren geistigen Leben hinführen. Und dies dürfte wiederum damit zusammenhängen, daß sie aus dem tiefsten Inneren Becketts so formuliert worden sind[148].

Im Folgenden wird zunächst auf *Murphy* eingegangen, weil dort die psychologische Ausgangslage geschildert wird, aus der heraus nicht nur dieses Buch, sondern auch die ganze Reihe der folgenden Werke entstanden ist. Auf diese Weise wird ein weiterer Schritt zur Aufdeckung des gnoseologischen Grundzugs getan. Es kommt mir darauf an zu zeigen, welche Bedeutung Becketts Werk im Hinblick auf die Erkenntnissituation (oder -kalamität) unserer Zeit besitzt.

M. Esslin hat schon Anfang der sechziger Jahre geschrieben: „Becketts gesamtes Schaffen läßt sich erklären als eine Suche nach der Wirklichkeit, die sich hinter den rein begrifflichen Urteilen verbirgt."[149] *Hinter* den „begrifflichen Urteilen" verbirgt sich eine Welt, die nicht nur Subjektives enthält, sondern eine „überrationale Wirklichkeit", die allgemeines Interesse verdient. Da wir in der Lage sind, uns auch darüber zumindest annäherungsweise *Begriffe* zu bilden (wie in der Mathematik, wo man auch begrifflich fassen kann, was Irrationalzahlen sind), ist es besser, wenn wir Esslins Ausdruck „begriffliche Urteile" ersetzen durch „*rationale* Urteile", denn jenseits dieser spielt sich ab, was uns beschäftigen soll.

Im vorigen Abschnitt ist schon dargelegt worden, daß Becketts Erfahrungswelt nur mit Hilfe hinzuerworbener „imaginativer Denkfähigkeit" sachgemäß beurteilt werden kann, weil Becketts Schilderungen selbst bildhafter Natur sind. Derjenige, der anfänglich in diese Bereiche vorzudringen versucht, wird geneigt sein, sie gegenüber der rationalen Helle unseres

---

148 Vgl. Einleitung, Abschnitt 5.
149 Esslin, M., a.a.O., S. 83.

Tagesbewußtseins, unseres Verstandeslebens, als Dämmer- oder Dunkelzonen zu beschreiben. Das braucht uns nicht abzuhalten.

Es ist auch nicht ausgemacht, ob „bildhaftes Denken" allein ausreicht, den Charakter dieser Welten zu erforschen.

WATT als Buch ist nicht nur der nächstfolgende Roman nach *Murphy*. Auch Watt als Hauptfigur ist der legitime Nachfolger Murphys. Er hat nur einen anderen Namen erhalten, weil er sich weiterentwickelt hat. Watt ist eine tiefgreifende Metamorphose von Murphy. Wenn er das nicht wäre, verdiente er keinen anderen Namen. Das kommt, wie K. Birkenhauer herausgearbeitet hat, auch stilistisch beim Vergleich von *Murphy* und WATT deutlich heraus[150].

Während MURPHY noch eine gewisse Freude an brillanten Formulierungen erkennen läßt, „elegant und verbindlich" ist und durch klingende Wortfolgen imponiert und bezaubert, verzichtet Beckett in WATT weitgehend auf solchen rhetorischen und literarischen Schmuck, d.h. er ist auf dem Wege zum unverwechselbaren „Beckett-Stil", der durch seine knappe, nüchterne Art an reine Denotation erinnert und seine Wirkung durch konsequente Verweigerung erzielt. In diesen Stil sollte nichts eingehen, was dem Autor von seiner Herkunft, d.h. *unbewußt* eingegeben würde.

Im englisch geschriebenen WATT ist diese Tendenz jedoch schon deutlich. Auch verschwinden die in *Murphy* noch spürbar engen Bindungen an unmittelbare Außenwelterfahrungen, wie die Situationen des Londoner Lebens[151].

WATT gleicht streckenweise bereits den *Textes pour rien*. Becketts Sprache wirkt in diesen Texten um Nichts eigentümlich „ungegenständlich", obwohl sie voller konkreter Situationen und Bilder ist. Sie ist aber auch gekennzeichnet durch Brüche und Sprünge, die sich, ständig aufgehalten durch pausenschaffende Kommas, suchend schrittweise vorantastet.

---

150 Birkenhauer, K.: *Beckett*, a.a.O. (1971), S. 70ff.
151 Gespräch mit Beckett am 12. 4. 1969 in Ussy: auf die Bemerkung, in *Murphy* habe er – im Unterschied zu späteren Werken – eine Reihe biographischer Dinge verwendet, antwortet Beckett: „Ja, das stimmt, besonders in Bezug auf die Örtlichkeiten in London, die ich sehr genau gekannt habe."

Ein Satz als Beispiel vom Beginn dieser *Textes pour rien*[152]: «Le sommet, très plat, d'une montagne, non, d'une colline, mais si sauvage, si sauvage, assez.» Das ist auch bei WATT der Fall. Durch Beharrlichkeit kommt sie trotz des ständigen Aufhaltens dennoch von der Stelle. So geht die Sprache auf Entdeckungsreise. K. Birkenhauer meint, die Sprache finde auf diese Weise den Sprechenden — sie findet aber noch mehr, denn in gewisser Weise geht sie vom Sprechenden (Berichtenden) schon aus: sie findet *eine neue Wirklichkeit.*

Die Reihe von Beckett-Figuren, die sozusagen Hauptrollen spielen, läßt sich von Murphy über Watt bzw. Sam zu Molloy, Moran, Malone bis hin zum Namenlosen, einem Endpunkt dieser Entwicklungsreihe, fortsetzen. Oder sie läßt sich auch zurückführen zur Gestalt des Belaqua Shua[153]. Von ihm ausgehend, der die Rolle eines Betrachters begann, kann man eine tiefgreifende Wandlung der Erzählerperspektive verfolgen. W. Iser hat das folgendermaßen geschildert[154]:

> Die Beckettschen Texte machen eine höchst merkwürdige Paradoxie offenkundig. Auf der einen Seite führt die Trilogie die wachsende Unmöglichkeit der Ich-Erzähler vor, sich selbst zu konzipieren, und das heißt, die gesuchte Identität zu gewinnen. Auf der anderen Seite ist gerade diese Unmöglichkeit der Grund dafür, daß sie ständig etwas von ihrer eigenen Wirklichkeit entdecken.

W. Iser zitiert dann eine Formulierung Merleau-Pontys, die auf diese existentielle Situation paßt: „Der absolute Kontakt des Ich mit sich, die Identität von Sein und Erscheinen, ist nicht setzbar, sondern nur diesseits jeder Behauptung erlebbar."

Diese Bemerkung führt noch einmal vor Augen, wie schwer es ist, Beckett-Texte nachzuvollziehen. Der Autor zwingt den Leser nicht nur, seinen Standort gelegentlich zu wechseln, in-

---

152 Siehe Fußnote 139 (S. 115 der franz. Ausgabe).
153 Vgl. *More Pricks Than Kicks* (London 1970) und Fletcher, J.: *The Novels of Samuel Beckett* (London 1964) (2. Aufl. 1970), S. 14.
154 Iser, W.: *Subjektivität als Selbstaufhebung ihrer Manifestationen,* abgedruckt in: *Materialien zu Samuel Becketts Romanen,* hrsg. von H. Engelhardt und D. Mettler (Frankfurt a. M. 1976), S. 203.

dem er die Erzählperspektive ändert, was nicht neu ist. Er veranlaßt den Leser darüber hinaus noch, sein Bewußtsein von aller Äußerlichkeit zu entleeren, alle gewohnten logischen Verknüpfungen zu beseitigen. Nicht alle Leser können oder wollen sich dieser Prozedur der Bewußtseins-Entleerung unterziehen. Sie brechen die Lektüre ab oder lesen nur aus formalen Gründen bis zum Ende, ohne die geforderte Erlebnistiefe zu erreichen. Im Prinzip nimmt Beckett in WATT manches vorweg, was erst der Namenlose am Ende der Trilogie als einen einsamen Standort der Selbstfindung ganz erreicht. Er, der ohne Namen auskommen muß, ist erst wie ein „Sonnenstäubchen" im Dunkeln.

W. Iser beschreibt den Sachverhalt treffend: „Das auf sich selbst gerichtete Bewußtsein wird zur Möglichkeit, dieses zu entdecken."[155] Denn mit dem Verlust des Namens ist nicht etwa eine Aufgabe, sondern eine Findung des *eigentlichen* Ichbewußtseins verknüpft.

Wie hat sich diese Entwicklung in Beckett selbst abgespielt? Die Konfrontation mit verschiedenen „Spiegelbildern" (Belaqua Shua, Murphy, Watt usw.) ging über Jahre, bis jener Zustand erreicht war, der eine Namensgebung unmöglich machte, wo der Unnennbare (*L'Innommable*) zur Erfahrung wurde. Ein Echo dieser Selbstfindung hat man in Becketts Spiel für einen Mund (Stimme) und einen in ein weißes Gewand gehüllten Zuhörer vor sich, das "Not I" heißt[156].

Becketts *Murphy* ist 1938 veröffentlicht worden. J. Fletcher[157] hat über jene in London zugebrachten Jahre (1933–35), in denen dieses Buch konzipiert worden ist, zuerst berichtet, später dann D. Bair[158]. Der junge Beckett wohnte in Chelsea und besuchte auf Einladung seines Freundes, der Arzt war, das Bethlem Royal Hospital in Beckenham, eine psychiatrische Anstalt in der Umgebung von London. Hier soll er *Murphy* erdacht haben. Beckett hat anerkannt, daß in diesem

---

155 Dito, S. 217.
156 Knowlson, J., und Pilling, J.: *Frescoes of the Skull* (London 1980), S. 195.
157 Vgl. Fletcher, J.: *The Novels of Samuel Beckett*, a.a.O., S. 38.
158 Bair, D.: *Samuel Beckett – A Biography,* a.a.O., S. 174f.

Roman mehr biografische Details Eingang gefunden haben als in spätere Werke, dennoch dürfte es auch für *Murphy* zutreffen, daß das Hauptsächliche eben nicht auf äußere Erfahrung, auch nicht auf einen kurzen Besuch in einer Irrenanstalt, zurückzuführen ist. Murphy spiegelt vielmehr hauptsächlich den damaligen inneren Standort Becketts wider und in gewissem Umfang auch noch den äußeren. Murphy bleibt trotzdem ein *Geschöpf Becketts,* mit allen Zügen eines der frühen Protagonisten dieses Autors. Murphy ist *nicht* der Autor selbst[159].

Was den Leser an *Murphy* erstaunt und was Kritiker aufmerksam registriert haben, ist Becketts genaue Schilderung des Geisteszustandes, in dem er, der junge Ire, sich damals in London befand. Es ist naheliegend, daß dieser „Zustandsbericht" nicht eine bloße „Erfindung" Becketts ist, sondern einer entsprechenden inneren Erfahrung durchaus entspricht. Diese These läßt sich dadurch stützen, daß man den späteren Entwicklungsgang, wie er schon in der Fortentwicklung der Hauptfiguren angedeutet wurde, tatsächlich im Werke wiederfindet. Es bleibt die Verwunderung, mit welcher Klarheit ein junger Mensch „drei Zonen des Geistes" unterscheiden konnte, die lebenslang zur Grundempfindung dann tatsächlich gehörten. Deshalb wird darauf in der Beckettliteratur immer wieder verwiesen. Das gilt, obwohl diese Zustandsschilderung von "Murphy's mind" durch und durch parodistische Züge trägt.

Zu Beginn der Schilderung dieser drei Zonen des Bewußtseins[160] heißt es:

> It is most unfortunate, but the point of this story has been reached where a justification of the expression "Murphy's mind" has to be attempted.

---

159 Gespräch in Ussy am 12. 4. 1969: Beckett ließ sich nicht mit Murphy identifizieren. Er gab zwar zu, daß es sich bei Murphys Selbstfesselung an den Schaukelstuhl um eine „methodische Bemerkung" handele, eine Konzentration auf den klaren Kopf — das Denken unterstützend, weitere Fragen wies er mit dem Scherz zurück: „So dumm ist Murphy nicht, daß er ein Buch schreibt."
160 Vgl. *Murphy,* Grove Press New York o.J., 6. Kap., S. 107f.

Auf das allein wird eingegangen, "... what it felt and pictured itself to be. Murphy's mind is after all the gravamen of these informations." (*Murphy*, S. 107) Im englischen Originaltext findet man also das Wort "gravamen", was eigentlich „Klagepunkt" bedeutet. In der deutschen Übersetzung heißt es „das Wesentliche", was zweifellos treffend ist, aber den parodistischen Charakter der Darstellung weniger genau spüren läßt, als dies das Wort "gravamen" tut. Wenn also das Wesentliche, der Klagepunkt, Murphys Geisteszustand ist, dann ist der Roman daraufhin zu betrachten.

Beckett stellt „Murphys Geist" als eine große hohle Kugel dar. (Engl.: "Murphy's mind pictured itself as a large hollow sphere ...") Eine Leibnizsche Monade? In gewisser Weise trägt Murphy damit solipsistische Züge[161]. Jedenfalls solange, wie er sich in seiner *eigenen* Vorstellungswelt bewegt. Darauf deutet auch das verballhornte Spinoza-Zitat, das Beckett an den Anfang des 6. Kapitels von *Murphy* gestellt hat: „Amor intellectualis quo Murphy se ipsum amat". (Die intellektuelle Liebe, mit welcher Murphy sich selbst liebt.) Bei Spinoza heißt es: „mit welcher Gott sich selbst liebt", worauf John Fletcher hinweist[162].

Es wird dann Murphys dualistisches Weltbild geschildert, d.h. auf die unvereinbare Zweiheit von Körper und Geist hingewiesen. Für Murphy bestand die Notwendigkeit, mal im Licht zu sein, mal im Halbdunkel und mal im Dunkeln. Wobei es ausdrücklich nicht darauf hinausläuft, im Licht etwas Besseres zu sehen als etwa im Dunkel. Es herrschen hier absolut wert- und wertungsfreie Zustände. Die drei jetzt folgenden Zonen könnten nämlich auch umgekehrt beschrieben werden, so daß die Helligkeitsgrade einander in entgegengesetzter Rei-

---

161 Vgl. Alvarez, A.: *Samuel Beckett* (München 1975), S. 77/78. Alvarez meint, bei den Welten, die Beckett in seinen Romanen beschreibt (zumindest seit WATT), handele es sich durchweg um Landschaften in seinem Inneren. „Murphys Solipsismus entsprang einer Laune, war Zeitvertreib eines Mannes mit einem Übermaß an Bildung, der von der Fadenscheinigkeit und Alltäglichkeit seines Lebens gelangweilt und gepeinigt wurde." WATT hält Alvarez für „weitschweifig", Symptom einer Verrücktheit, die ihn überwältigte.
162 Fletcher, J.: *The Novels of Samuel Beckett*, a.a.O., S. 50.

hung folgen. Handelt es sich doch um Stufen der *Versenkung*. Und dabei wäre es gleichermaßen möglich, von Vertiefung *oder* Erhöhung zu reden.

Wenn Murphy sich selbst auch in zwei gespalten, in einen Körper und in einen Geist, empfindet, so gehören doch die drei Zonen einem rein *geistigen* Erlebensbereich an. Selbst wenn die helle, lichte Zone Erlebnisinhalte aus der körperlichen Umgebung widerspiegelt – Murphys Geist verarbeitet diese Vorstellungsbilder frei. Das wird unmittelbar deutlich, weil für diesen Zustand einige skurrile Beispiele genannt werden: "As he lapsed in body he felt himself coming alive in mind, set free to move among its treasures." (*Murphy*, S. 111)

Unter „Schätzen" müssen hier „Vorstellungsschätze" verstanden werden.

> There were the three zones, light, half light, dark ... In the first were the forms with parallel, a radiant abstract of the dog's life, the elements of physical experience available for a new arrangement. Here the pleasure was reprisal, the pleasure of reversing the physical experience. Here the kick that the physical Murphy received, the mental Murphy gave. It was the same kick, but corrected as to direction ... (*Murphy*, S. 111)

Murphy konnte hier seine ersten geistigen Erfahrungen (mit dem phantasievollen Umgehen mit seinem Vorstellungsschatz) machen. Bemerkenswert ist die Möglichkeit einer Umkehr, d.h. was physisch eine bestimmte Richtung hatte, läuft hier in umgekehrter Richtung ab. Allerdings noch unter dem Einfluß persönlicher Willkür.

Die zweite Zone wird als *Kontemplation* beschrieben, als Abkehr von allen äußeren Reizen und Erinnerungs-Einflüssen. Diese Situation der Stille, der Vertiefung, brauchte nicht korrigiert zu werden. Murphy befand sich in der „Belaqua-Seligkeit" des Ruhens-In-Sich.

Auf die Stufe der freien Assoziation, der wilden Vergeltung (für das typischerweise als „Hundeleben" bezeichnete *physische* Dasein) – folgt die Kontemplation. Sie ist konkurrenzlos, die Formen laufen ohne Parallele. Murphy konnte sich hier nach Belieben von einer unvergleichlichen Seligkeit zur anderen begeben. (Wörtlich: "... to move as he pleased from one unparalleled beautitude to another.") *(Murphy,* S. 112) Die dritte, dunkle Zone, enthielt nur Formen, diese jedoch in ständiger Wandlung begriffen: ein fortwährendes Werden und Vergehen, ein Aufruhr. Hier nun war Murphy nur „ein Stäubchen" im Dunkel absoluter Freiheit.

Im englischen Text wird für „Stäubchen" das Wort "mote" gebraucht, was die Situation noch genauer trifft, weil "mote" im eigentlichen Sinne „Sonnenstäubchen" bedeutet! Ein Sonnenstäubchen im Dunkel (des geistigen Kosmos), das klingt viel poetischer, um ein Bewußtsein zu beschreiben, das sich in jener Zone erlebt, wo mit „Formen" nichts Festes mehr gemeint ist. "He did not move, he was a point in the ceaseless unconditioned generation ..." (S. 112) Beckett spricht auch von: "Matrix of surds," d.h. Mutterboden, Nährboden (= matrix). Der deutsche Text sagt: „Gebärmutter des Irrationalen", was nichts anderes als das „Nichts" bedeutet, d.h. jene Quelle geistiger Eingebung oder Anfang jener nicht-bloß-subjektiven geistigen Erfahrung, auf die Beckett auch später immer hingewiesen hat.

Wenn Murphy in diesen „Tumult" geriet, in dieses schöpferische Chaos, fühlte er sich wie ein Geschoß ohne Herkunft und Bestimmung, das von einer „nicht-newtonschen Bewegung" ergriffen wird. Diese Dynamik unterliegt natürlich nicht der Gravitation! Es war "so pleasant that pleasant was not the word" (S.113), sich als „Sonnenstäubchen" in dieser absoluten Freiheit zu befinden.

Murphy trägt als Roman viele Züge der ersten Zone an sich Aus der Willkür dieses Bereiches hat Beckett sich schrittweise herausbegeben. Die Art, wie Beckett diese frühe Bestandsaufnahme gegeben hat, irisch-humorvoll, skurril verpackt, darf nicht etwa dazu verleiten, sie als unernst anzusehen. In dieser Hinsicht gleicht *Murphy* James Joyces *Ulysses*[163]. Auch dieser epochemachende Roman ist durch und durch parodistisch geschrieben; trotzdem handelt es sich um eine ernstzunehmende Analyse der Irrfahrten des Leopold Bloom und seines jun-

---

163 Joyce, J.: *Ulysses* (Paris 1922).

gen Freundes Stephen Dedalus. Gleiches läßt sich für Becketts Murphy sagen.

Auch in WATT ist manches noch so, daß beim oberflächlichen Lesen eine gewisse Skurrilität, dieses "Irish flavour", vor allem imponiert. Und gegen eine Rezeption auf einem sozusagen normalen belletristischen Niveau, ist nichts einzuwenden. Nur stammt daher nicht die Erkenntnis der Substanz, die diese frühen Romane Becketts zu wesentlichen Bausteinen des Gesamtwerkes macht.

Beckett schließt das 6. Kapitel von *Murphy* mit dem Satz: "This painful duty having now been discharged, no further bulletins will be issued" (S. 113). Er hat sich ein Leben lang daran gehalten, indem er praktisch keine Kommentare zur Geisteshaltung irgend eines späteren Protagonisten abgegeben hat.

4. Das „Hundeleben" auf Erden und der schwierige Zugang zu Mr. Knotts Welt

Peggy Guggenheim, die mit Beckett in den dreißiger Jahren befreundet war[164], hat berichtet, daß Beckett damals unter einer entsetzlichen Erinnerung an sein Leben im Leibe seiner Mutter gelitten habe. Er habe regelrechte Krisen gehabt, in denen er glaubte, ersticken zu müssen. Oft sei er, den sie als einen faszinierenden jungen Mann beschreibt, in Apathie verfallen. Man weiß auf der anderen Seite, daß er sich, wie Belaqua, manchmal wieder in die Eihäute zurückwünschte, „für immer, im Dunkeln"[165]. In H. Breuers *Samuel Beckett* (1972) findet man zu diesem Problemkreis weitere Einzelheiten[166].

---

164 Vgl. Guggenheim, P.: *Ich habe alles gelebt,* Scherz (Bern und München 1980), S. 131 f. Die Autorin bekennt, ein ganzes Jahr lang im Banne Samuel Becketts gestanden zu haben, in den sie sehr verliebt gewesen sei. Er zog sich jedoch bald von ihr zurück.
165 Zit. nach Esslin, a.a.O., S. 29.
166 Breuer, H.: a.a.O., S. 72.

Beckett hat nicht nur eine beängstigende Erinnerung an das vorgeburtliche Leben im Mutterleib gehabt, er hat offensichtlich auch ein Leben lang unter der Tatsache gelitten, überhaupt geboren zu sein. Seine Äußerungen dazu sind vielfältig. Als sich Elmar Tophoven einmal scherzhaft bei Beckett beklagte, wodurch er es wohl verdient habe, 25 Jahre Beckett-Texte übersetzen zu müssen, antwortete ihm dieser halb im Scherz: „das ist die Sünde, geboren zu sein"[167]. In *From an Abandoned Work* (S. 142) heißt es: "No, I regret nothing, all I regret is having been born ..."

Typisch für Becketts Vorstellungswelt sind auch die folgenden Stellen aus *Fin de partie*. Beckett läßt nicht nur Hamm zu seinem alten Vater Nagg hin schimpfen: «Salopard! Pourquoi m'as-tu fait?» („Du Schweinehund! Warum hast du mich gemacht?") Er läßt Clov vielleicht etwas zweideutig schwärmen: «La belle époque!»[168], als Hamm davon spricht, Clov sei damals noch nicht auf der Welt gewesen. Andererseits spricht Hamm von seinem „erhabenen" Elend mit bitterer Ironie: «Peut-il y a ... bâillements ... y avoir misère plus ... plus haute que la mienne?»[169]

Becketts Äußerungen über das „Hundeleben" auf dieser Welt sind zahllos. H. Breuer schreibt darüber: „Für alle Beckett-Helden war ihre Geburt die große Katastrophe, mit der ihr ungeliebtes Leben in der Welt begann ..."[170] Es sei daran erinnert, daß Watt zwei Dinge nicht leiden konnte: "one was the moon, and the other was the sun" (S. 31) (ehe er in den Graben rollt) und, nachdem er die harte, dunkle, stinkige Erde gespürt hat und sich anschickt, den Graben zu verlassen, mißfielen ihm zwei weitere Dinge: "one was the earth, and the other was the sky" (S. 34) Watt hatte die Erde, die ungeliebte, verachtete, satt, als er sich auf dem Weg zu Mr. Knotts Haus befand. Auf dem gleichen Weg, aber zurück

---

167 Diese Unterhaltung fand am 26.6. 1978 in meinem Beisein im PLM Hotel in Paris statt.
168 *Endspiel* (dreisprachig) (Frankfurt a. M. 1976, 2. Aufl.), S. 71, resp. S. 65.
169 Dito, S. 11.
170 Breuer, H.: a.a.O., S. 75.

zur Station, bricht Watt dann in Tränen aus. Weil er aus Mr. Knotts Nähe, aus dessen Anwesen fort muß.

Es liegt mir fern, Beckett als Person mit seinen Figuren zu verwechseln. Dennoch muß bedacht werden, was L. E. Harvey in *Samuel Beckett — Poet and Critic*[171] in einer Fußnote zur Beziehung zwischen dem Autor und seinen Protagonisten in WATT schreibt:

> "On the one hand each self is fictional in the deepest sense of the word. Man knows his own being, if it exists, imperfectly at best. His literary creations are phantoms of his imagination, without grounding in reality. Neither Murphy nor Watt is Beckett. On the other hand they resemble each other in too many ways to be thought of as wholly arbitrary."

Harvey schildert auch die jeweils unterschiedlichen Erzählperspektiven, die sich mit den verschiedenen Protagonisten in WATT ergeben[172].

Keine der Beckettschen Figuren mag ihren physischen Leib leiden, er wird mit äußerstem Widerwillen ertragen, bestenfalls mit stoischer Gelassenheit. Viele dieser Figuren sind Krüppel, Geschlagene, Rumpf-Existenzen.

Beckett hat offensichtlich seinen Pessimismus und seine zeitweilige Aversionen gegen das irdische Leben auf seine Gestalten übertragen. Seine persönliche Ruhe, seine freundliche Gelassenheit sind erworben. Er hat sie offensichtlich seinen inneren Verhältnissen abgetrotzt. Von Natur aus hatte er diese stoische Gemütsruhe nicht. D. Bair schildert die schwierigen Jahre Becketts in extenso. Unter vielem anderen zitiert sie eine nicht namentlich belegte aber sehr aufschlußreiche Aussage, die durchaus glaubhaft klingt[173]:

> Optimism is not my way. I shall always be depressed, but what comforts me is the realization that I can now accept this dark side as the commanding side of my personality. In accepting it, I will make it work for me.

---

171 Harvey, L. E.: *Samuel Beckett — Poet and Critic* (Princeton, N. J., 1970), S. 349/350.
172 Dito. Kap. über *Watt as Artist and Art in WATT*, S. 373f.
173 Bair, D.: a.a.O., S. 352.

Becketts natürliche Zurückhaltung und persönliche Anspruchslosigkeit ist vielfach bezeugt[174]. In jüngeren Jahren hat er diese Bescheidenheit gelegentlich durchbrochen. Sie geriet in Widerstreit mit seinen Ansichten. So hatte er Mühe, sein Temperament zu zügeln, wenn es um die Ignoranz der Kritiker von Joyce ging. Seine Kritik selbst war dann scharf und ätzend, wie die Essays über *Dante ... Bruno, Vico ... Joyce* oder über *Proust* beweisen. Vielleicht machte seine intellektuelle Überlegenheit es Beckett schwer, hier bescheidene Zurückhaltung zu wahren. Später hat er auf solche Auseinandersetzungen und auf alle Polemik verzichtet.

Aus der Jugendzeit Becketts wird berichtet, wie er gelegentlich seine Umgebung schockiert habe. Aus Übermut oder aus Verzweiflung, das läßt sich rückblickend nicht sagen. Vor allem, wenn er sich betrank.

Von solchen Extravaganzen ist später nie mehr die Rede. Selbst nicht in D. Bairs Biografie, die solche Details gewiß angeführt hätte. Beckett hat sich, so gut es ging, ans Dasein gewöhnt. Ein Konformist ist er nicht geworden. Die Sehnsucht nach einem rein geistigen Leben ist ihm, nach allem was er geschrieben hat, geblieben. Die Verachtung für das Dasein ist z. T. im Laufe der Jahre einer etwas milderen Einstellung gewichen.

Der Dualismus seines Lebensgefühls findet auch in seiner kontemplativen Neigung, seiner Sehnsucht nach Vertiefung, seinem Bedürfnis sich zurückzuziehen, seiner ausgesprochenen Öffentlichkeitsscheu ihren Ausdruck. Alles dies zusammen spricht für eine nach Spiritualität strebende Persönlichkeit. Das ist so trotz seiner Distanziertheit zu konfessioneller Religiosität[175]. Geistige Freiheit und Unabhängigkeit gehen Beckett über alles.

---

174 Vgl. Monteith, C. in: *Beckett at Sixty,* a.a.O., S. 87.
175 Am 23. 9. 1969 in Berlin hat Beckett betont, er habe stets das Alte und das Neue Testament geschätzt, „schon wegen ihrer sprachlichen Schönheiten". Er wies darauf hin, daß entsprechende Bezüge in seinen Werken immer wieder auftauchen. Sein Desinteresse am religiösen Leben ist eindeutig. Die äußere Entfremdung verdient aber eine differenzierte Betrachtung im Hin-

Leser und Zuschauer haben diese Tiefendimension oft gespürt und Becketts im Grunde zarte Poesie mehr und mehr verstanden; die darin enthaltene Provokation hat über die Stufe des Protests zur Selbstfindung und zum Einverständnis geführt. Ernst Schröder, der in Becketts Berliner Inszenierung von *Endspiel* den Hamm verkörperte, hat diese „Gewissens-Erweckung" erlebt und treffend beschrieben[176].

Gerade aus dem Erleben der so häufigen Negationen kann das Interesse, kann das Verlangen nach eigener Einsicht, nach einer tieferen Wirklichkeitserfahrung entstehen.

W. Iser beschreibt dies in einem Artikel in der Zeitschrift *The Georgia Review*[177] unter dem Titel "The Pattern of Negativity in Beckett's Prose": "Negativity is the hallmark of the typical Beckett text. It is produced by a relentless process of negation ..." Der dadurch erzeugte Effekt wird von Iser als „Sog" bezeichnet.

> Negativity brings into being an endless potentiality ... It stimulates communicative and constitutive activities within us by showing us something is being withheld and by challenging us to discover what it is.

Im Angesicht der Leere und Trostlosigkeit des Daseins wird in Becketts Figuren die Hoffnung ständig wach gehalten. Das Spiel geht weiter. Religiösen Interpreten hat dies den Gedanken nahegelegt, Beckett wolle sagen: „Credo quia absurdum est" — davon kann wohl keine Rede sein. Daß jedoch das Anschauen z. B. von *Godot* dem Glauben (aus der Mühsal und dem Nichtwissen befreit zu werden) neue Nahrung gibt, das ist eine Tatsache der Rezeption, die niemand leugnet. Die

---

blick auf Becketts innere Einstellung diesem Fragenkreis gegenüber. L. E. Harvey (1970) hat diesem Fragenkomplex in Bezug auf WATT ein ganzes Kapitel mit der Überschrift *The Religious Dimension* gewidmet.
176 Vgl. Schröder, E., in seinem Artikel *Proben mit Beckett* in der FAZ vom 17. 11. 1967. Es heißt darin: „Ich fragte Beckett, ob der mächtige Hamm nicht doch ein schlechtes Gewissen habe. Pause. Er schaut mich an, ein verschmitztes Gesicht, ein wenig verwundert und ein ganz klein wenig glücklich, und er sagt leise: ‚Glauben Sie?' Ich kenne keinen Autor und keinen Regisseur, der so geantwortet hätte."
177 Vol. XXIV, No. 3 (1975).

Präzision der Darstellung, die Härte und Unbedingtheit lassen allerdings keine Illusionen zu, es sei schon geschafft. Es gibt kein Ausweichen und keine Selbsttäuschung.
Eine Gefühlsantwort wäre zu armselig. Auch Antworten aus konfessioneller Überzeugung genügen nicht. Davon hat Beckett offensichtlich in seiner Jugend genug angeboten bekommen. Es hat ihn unbefriedigt gelassen[178]. Jede angebotene fertige Erklärung, die nicht tatsächlich durchlebt ist, bedeutet nichts, und wo er sie vermutet, ist er kritisch[179].

En attendant Godot ist nicht zufällig zu einem oft zitierten Satz geworden. Das Stück formuliert eine für die Zeit typische Erwartungshaltung. Die Frage: wer ist dieser Godot verlangt nach keiner festgeprägten Antwort. Für den einen ist Godot „Gott" (weil er diesen erwartet), für einen anderen ist es der, der „die Brötchen" bringen wird. Für wieder andere repräsentiert der Name „Godot" die geistige Welt (in der auch Mr. Knott sein „Anwesen" hat), zu der Zutritt sucht, wer sich selbst und die Welt besser verstehen möchte, von der angenommen wird, daß man hineingelangt über die Schwelle, wie Watt in Mr. Knotts Haus. Godot ist die Hoffnung auf „das Grün jenseits der Berge", wenn es etwas Grünes gibt.

Arthurs Verlangen, seine „Geschichte" (die sein Leben war) abzubrechen, beruhte darauf, daß er in Mr. Knotts Anwesen zurückzukehren wünschte, zu seinen Geheimnissen, seiner „Beständigkeit".

M. Esslin hat frühzeitig erkannt, daß Mr. Knott jenem unbekannten Godot ähnlich ist[180]. Beides sind „mysteriöse", lau-

---

178 Becketts Eltern waren Protestanten. Sie gehörten der Low Church an. Becketts Mutter, eine fromme Frau, sei es schwer gewesen, als sie bemerkt habe, wie ihr Sohn Sam jedes Interesse an der Kirche verloren habe. (Gespräch mit Beckett am 23. 9. 1967.)
179 Am 9. 11. 1967 meinte Beckett, nachdem wir über Schopenhauer und Eduard von Hartmann gesprochen hatten, die Philosophie biete wohl auch keine Lösungen. Auch Hartmann (der den Begriff des Unbewußten eingeführt hat) nicht. Als ich auf Rudolf Steiner hinwies, den Beckett nur dem Namen nach kannte, meinte er, ob dieser sich nicht auch zu leicht über die Schwierigkeiten hinweggesetzt habe. Meine Einwände hörte er ohne Widerspruch an und meinte zum Schluß: „Ich muß mich mit Steiner befassen."
180 Esslin, M.: *Das Theater des Absurden*, a.a.O., S. 31.

nische und unnahbare Herren. Von beiden wird viel erwartet. Beide lassen sich (wenigstens zumeist) nicht blicken. Beide sind, auch wenn sie sich kaum blicken lassen, ständig anwesend. Allerdings in einer anderen Sphäre. Godot schickt einen Jungen als Boten. Engel sind wörtlich „Boten des Herrn".

In der Berliner Endspiel-Generalprobe, die unter Becketts Leitung am 7. März 1975 im Schillertheater stattfand, machte dieser Knabe, der doch ein Ziegenhirt sein soll, einen ganz sauberen und propren Eindruck, er wirkte einfach „engelrein". In einem Gespräch während der Pause zwischen dem ersten und zweiten Akt ist Beckett gefragt worden, ob dieser Junge, da er doch ein Ziegenhirt sei, nicht ein wenig schmutzig sein müßte. Beckett verneinte das energisch und sagte ebenso freundlich wie selbstverständlich: „Er ist doch *ein Bote,* der kommt doch aus einer ganz anderen Sphäre." Und er wiederholte: „aus einer ganz anderen Dimension"[181].

Selbst wenn man nicht bestimmen will, *wer* Mr. Knott (oder Monsieur Godot) „wirklich" ist, so ist dennoch klar, daß er, wenn er existiert, *woanders* zuhause ist. Hamm, nach seinem vergeblichen Versuch, das Vaterunser zu beten, flucht, daß der Lump nicht existiert, doch Clov antwortet: „Noch nicht."[182]

Der Verdacht mag naheliegen, daß er nur existiert, wenn man sich ihn einbildet. Es bleibt dieser Verdacht ebenso unbeweisbar wie umgekehrt die Annahme, es gäbe ihn wirklich, jedenfalls wenn und solange man ihn nicht selbst *wahrnimmt!*

Das ist die tatsächliche Lage in Bezug auf Mr. Knott, solange Watt nicht wirklich tief in seine Sphäre vorgedrungen ist.

---

181 Die Frage wurde von meiner Frau, Dr. med. M. R. Büttner, gestellt. Die ganze Unterhaltung wurde auch von anderen mitgehört. Unter ihnen befand sich der Mitarbeiter der Wolfenbütteler Herzog-August-Bibliothek, Manuel Lichtwitz, der die Aussage Becketts auf meine Bitte in einem Brief vom 18. 7. 1979 folgendermaßen bestätigt: „Am besten ich zitiere Ihnen, was ich mir am darauffolgenden Tag (nach der Generalprobe) dazu notierte: ... Frau Büttner gab in der Pause im Gespräch mit Beckett zu erkennen, daß sie erstaunt gewesen sei, daß der Junge so sauber ist. Dagegen Beckett: ‚Der Knabe kommt doch aus einer anderen Welt'."
182 *Endspiel* (dreisprachig), a.a.O., S. 80.

In *En attendant Godot* wird dieses Warten auf den Unbekannten konsequent durchgespielt. Nur das zweimalige Erscheinen eines Boten (der die Hoffnung, die Erwartung aufrecht erhält), spricht tatsächlich dafür, daß es Godot gibt (sonst könnte er keinen Boten schicken). Für den Zuschauer oder Leser wird er erst dann „wirklich" existieren, wenn zu seinem „Wohnsitz" ein Zugang gefunden worden ist. Für Watt beginnt diese Annäherung, als er die Schwelle zum Hause Mr. Knotts überschreitet. Nachdem er jedoch im Zug rückwärts gefahren ist (weil er nicht sehen wollte, wohin die Reise ging), erfolgt dieser Schwellenübertritt „unbemerkt".

Es bleibt die Frage, wie man Mr. Knott − wo auch immer er sich aufhält − erkennen, wie man seiner habhaft werden kann. Wenn es ihn tatsächlich gibt, muß es auch einen Weg zu ihm geben. Dies ist ein Problem der Erkenntnis-Wissenschaft, der Gnoseologie.

> «Moi je suis tout à fait incapable d'en parler. Je ne le vois et ne le vis que du dedans.»
> Samuel Beckett[183]

5. Die in WATT abgebildete innere Wahrnehmungswelt und die ihr entsprechende Realitätsebene

Maurice Maeterlinck, Nobelpreisträger für Literatur des Jahres 1911 und einer der Väter des zeitgenössischen Dramas, der den Ausdruck «vie intérieure» seiner Art des Schreibens beigab, machte folgende Äußerung:

> In der Tat findet man im menschlichen Bewußtsein um so weniger Konflikte, je tiefer man darin eindringt. Und man kann in ein Bewußtsein nur unter der Bedingung sehr tief hineingelangen, daß dieses Bewußtsein sehr geklärt ist ...[184]

---

183 Brief vom 24. 5. 1963 an den Verf. Beckett schreibt diesen Satz zur Standortbestimmung als Erläuterung, daß es ihm ganz unmöglich sei, die Bedeutung seiner Arbeiten zu beurteilen.
184 Maeterlinck, M.: *Der doppelte Garten*, Kap. VII., über *Das moderne Drama*, Diederichs (Jena 1925), S. 68.

Auf niemanden trifft dieses Wort besser zu als auf Samuel Beckett. Diese innere Abgeklärtheit besagt jedoch nicht, daß Beckett sein eigener Kommentator sein müsse. Ein Grund dafür ist gewiß der, daß die Sprache des Künstlers nicht die gleiche wie die des Kritikers ist und Kunst im Grunde genommen auch keiner „Erklärung" bedarf.

Macht man sich dennoch Gedanken über ein Werk wie WATT, so schließt man sich den interpretatorischen Versuchen an, die Beckett in besonders großer Zahl über sich hat ergehen lassen müssen. Diese Versuche sind zwar nicht nur, aber doch auch Ausdruck einer «hommage à Beckett». Außerdem sind sie, wie in der Einleitung dargestellt wurde, durch die Eigenart des Werkes selbst provoziert. „Seine Rätselhaftigkeit fordert die Deutung auch durch die Literaturwissenschaft heraus", wie M. Kesting in einer Rezension über K. Schoells *Das Theater Samuel Becketts* schreibt[185].

Von grundsätzlichem Interesse ist M. Kestings Feststellung, daß Beckett

> nach einer denkerischen Durchdringung, nach einer Auslegung, geradezu schreit, aber diese wäre, bei der Art von Becketts Werk, eben auf dem Wege der literaturimmanenten Interpretation überhaupt nicht mehr zu leisten. Man müßte schon den Gesamtverlauf der modernen Ästhetik, die Philosophie, die Soziologie der Künste ins Spiel bringen, die extreme geschichtliche und literaturgeschichtliche Situation einbeziehen.

Das ist zum Teil bereits geschehen. An intellektueller Redlichkeit und fachlichem Können hat es dabei nicht gefehlt. Dennoch bleiben gewichtige Zweifel, ob Becketts Werk damit wirklich Gerechtigkeit widerfahren ist. Vielfach laufen solche Betrachtungen, wenn sie sich nicht mit einer formalen Bestandsaufnahme begnügen, darauf hinaus, bei Becketts Werk handele es sich um einen Diskurs zwischen dem schreibenden Subjekt und seinen eigenen Produktionen. Das aber bedeutet: Beckett hat der Welt nicht mehr zu sagen, als was der noch

---

185 Vgl. FAZ vom 28. 10. 1969, S. 3L unter dem Titel: *Rätselhafter Samuel Beckett* (Untertitel: Der Dichter in den Händen der Literaturwissenschaft). M. Kesting behandelt darin auch J. Fletcher: *Die Kunst des Samuel Beckett.*

recht solipsistische Murphy sich an Interessantem hat einfallen lassen, als er die für eine neue Anordnung verfügbaren „Elemente physischer Erfahrung" benutzte, um einen herrlichen „Abriß des Hundelebens" zu geben[186]. Aber schon Murphy schreitet fort zur Kontemplation, und erreicht damit die Stufe des Nichts, die „Gebärmutter des Irrationalen". Und, wie Beckett in einer der wenigen Zusatzbemerkungen zum „Bulletin" (in *Murphy*) bekannt hat, ging es ihm gerade darum, eine Poesie zu schaffen, die das Nichts durchschritten hat und in einem neuen Raum einen neuen Anfang findet[187]. WATT setzt auf diesem Wege einen neuen Anfang, man kann in diesem Buch auch bereits ein erstes großartiges Ergebnis erblicken.

In der Roman-Trilogie setzt Beckett den begonnenen Weg fort. Er reduziert darin die „Helden" Moran, Molloy, Malone immer weiter bis auf das nahezu körperlose reine Bewußtsein, den Namenlosen und Unnennbaren. Zugleich geht er über zu der dem Bewußtseinsroman angemessenen Erzählsituation der Ich-Erzählung, wobei in der Entwicklung der verschiedenen Romane und Romanteile die berichtenden Iche hintereinander geschaltet sind, so daß zuletzt alle vorhergehenden als frühere Verkörperungen des einen sich selbst suchenden Geistes erscheinen.

Auf der Ebene des Geschehens und der Situation entspricht dieser Reduktion eine Regression zur Mutter, bis ins Bett der Mutter (*Molloy*), die zunehmende Bewegungslosigkeit (*Malone meurt*), schließlich Gliederlosigkeit (L'Innommable).

1960 schrieb Beckett *Comment c'est*. Gegenüber der Trilogie thematisiert Beckett in diesem Roman bei ebenfalls weitgehender Krüppelhaftigkeit und nur kriechender Fortbewegung der Personen das menschliche Zusammenleben als gegenseitige Abhängigkeit, als Herr-Knecht-Verhältnis. Diesen Roman, dessen Titel *Comment c'est* lautähnlich klingt wie

---

[186] *Murphy*, a.a.O., S. 66 (dt. Ausg.) bzw. engl.: "... a radiant abstract of the dog's life, the elements of physical experience available for a new arrangement." (S. 111).
[187] Vgl. Fußnote 69.

«commencez», deutet A. Alvarez in *Samuel Beckett*[188] als Schilderung des Lebens nach dem Tode aus der Perspektive eines Wurmes und fährt fort:

> Dieses unerträgliche Wissen kann er nur aushalten, indem er ähnlich wie Watt Seite um Seite Berechnungen anstellt ... Und: ... aufgrund der gewohnten sorgsamen Genauigkeit Becketts in Stil und Empfindung, jener Art Vorhölle oder Leben im Tod, worin das Ziel all seiner Bemühungen liegt, und jener äußersten Depression, die bei ihm wirklich echt ist, kann das Buch eine gewisse Größe für sich geltend machen. Vor allem ist es eine erstaunliche «Tour de force» ... Es ist das ästhetische Äquivalent zu dem, was Wissenschaftler die „reine Forschung" nennen.

Auch wenn man die Urteile von Alvarez vielfach nicht teilen kann, diese Formulierungen sagen viel über den gnoseologischen Gehalt des Werkes und seines Autors Beckett aus.

Beckett gibt einen exakten Bericht von dem, was ihm „die Stimmen" sagen. Zum Beispiel die Stimme Watts, die leise, schnell und manchmal auch unverständlich spricht. Es ist unvorstellbar, daß Beckett es nicht bemerkt haben könnte, daß das, was er sagt, nicht allein in ihm entstanden ist, daß vielmehr seine Seele, sein Geist etwas aufnimmt, das er in seine Worte prägt. Er beschreibt, nachdem er die „Maja" des äußeren Sinnenscheins zunächst für sich selbst, dann für uns, seine Leser, *zertrümmert* hat, was in seine Erlebniswelt hereindringt. Seien es Bilder (Imaginationen) oder Stimmen (Inspirationen).

WATT ist ein großartiger Versuch, diese inneren Erlebnisse denen eine *höhere* (weder rationale, noch bloß subjektive) *Realität* entspricht, abzubilden. Mit den Worten eines sachlichen, irisch-französischen Intellektuellen, der ebenso zart in der Empfindung wie hart im Zupacken, der ebenso phantasievoll wie nüchtern ist. Der sich als „Tramp" auf die Reise begibt, als arme, einsame Seele, als gequältes Individuum auf Erden, als neugieriger Neuling in Mr. Knotts Anwesen. Auf einen Weg, der ihn von hier nach dort und wieder zurück führt. Dabei erfährt er das Tragikomische der Existenz ebenso wie die absurd erscheinende „Gegenwelt", die wie aus den

---

188 Alvarez, A., a.a.O., S. 72 bzw. 75 (siehe auch Fußnote 39).

Fugen geraten erscheint, wo er ein Schatten unter Schatten ist. Dort muß er einige Zeit dienen, dann wird er wieder ins Dasein entlassen. Beckett geht damit über das hinaus, was durch die "stream of consciousness novel" à la Henry James, James Joyce und Virgina Woolf veranlagt ist. Er dringt in den Grenzbereich von Leben und Tod vor und erreicht damit eine neue Dimension, einen neuen Bewußtseinshorizont.

Die größte Qual besteht darin, daß man getrennt ist von seiner geistigen Heimat, in der Welt herumirrt, auf der Suche nach der wahren Wirklichkeit, die allein im Tode zu finden ist. Beckett hat das früh gespürt und unter dieser Tragik gelitten. Die „Ursünde", für die der Mensch büßen muß, ist, daß er geboren ist. In *Proust* heißt es: „Die tragische Figur repräsentiert die Sühne der Ursünde, seiner und seiner ‚soci malorum' ursprünglichen und ewigen Sünde, der Sünde, geboren zu sein."[189] Becketts tragische Figuren sühnen alle diese „Ursünde" und versuchen, entweder das Beste daraus zu machen, oder diesen Zustand so schnell wie möglich zu überwinden, indem sie „das Sterben üben", sich bewußt mit dem Tod auseinandersetzen, ihn geistig vorwegnehmen.

Beckett fragt in seinem Essay über Proust[190]: "But what is attainment? The identification of the subject with the object of his desire. The subject has died – and perhaps many times – on the way." Er erwähnt in diesem Essay auch Baudelaires Definition der Realität, als einer adäquaten Vereinigung von Subjekt und Objekt.

Mit WATT treten Probleme ins Bewußtsein, die aufgrund literaturwissenschaftlicher Fragestellungen allein nicht zu lösen sind. Auch eine literaturpsychologische Betrachtung reicht dazu nicht aus. Sie muß ergänzt werden durch erkenntnistheoretische und anthropologische Gesichtspunkte, weil die Betrachtung sonst in Gefahr gerät, sich mit einem psychologi-

---

189 Beckett, S.: *Proust*, a.a.O., S. 55 (dt. Ausg.) bzw. englisch: "The tragic figure represents the expiation of original sin, of the original and eternal sin of him and all his 'soci malorum', the sin of having been born." (S. 49)
190 *Proust*, a.a.O., S. 11 (dt.) bzw. S. 3 (engl.). Beckett erwähnt Baudelaire auf S. 63 (dt.) bzw. S. 57 (engl.).

schen Relativismus zu begnügen, der der Größe des Werkes nicht angemessen ist. Die „Irrenhaustheorie" erscheint demgegenüber als ein bequemes mentales Refugium, auf das sich zurückzuziehen man ablehnen sollte[191].

Die neuere Sinnesphysiologie — als ein Teil einer tragfähigeren medizinischen Anthropologie, wie sie in einer Gegenbewegung gegen das überalterte darwinistische Konzept (Mensch = Affenabkömmling) heute entsteht — bietet einen Ansatzpunkt, von dem aus WATT besser zu verstehen ist. Es hat sich nämlich gezeigt, daß der klassischen Sinnesphysiologie ein philosophischer Subjekt-Objekt-Dualismus zugrunde lag, der zu unauflösbaren Widersprüchen geführt hat[192].

Es geht um die Sinnes-*Inhalte,* die, auf der Basis dieses Dualismus, als *rein subjektiv* angesehen werden. Wenn das stimmen würde, wäre eine objektive Naturwissenschaft (bzw. auch schon eine tatsachengerechte Naturbeobachtung) unmöglich. Die konsequent durchgehaltene Theorie des absoluten Subjekt-Objekt-Dualismus führt zum Subjektivismus aller Naturwissenschaften. Auch der moderne Informationsbegriff überwindet diese Subjekt-Objekt-Spaltung in Wirklichkeit nicht, weil die Trennung in formalen und semantischen Gehalt der Information erhalten bleibt (Hensel).

Der Wahrnehmungsakt ist nach neueren Erkenntnissen jedoch ein *ganzheitlicher Akt.* Die Begriffe von „Subjekt" und „Objekt" sind demgegenüber sekundärer Natur. Sie werden

---

191 Das ist unabhängig selbst von der Meinung Samuel Becketts so. Denn rein formal kann von einer „irren" Situation gesprochen werden, und vordergründig spielt Teil III, wo Sam die ganze Geschichte von Watt zugeflüstert bekommt, in einer Art Irrenanstalt (vgl. Fußnote 123). So schreibt Beckett auch auf eine entsprechende Frage am 12. 4. 1978: "Only one part is in the asylum (though all told there), the other three in Knott's house." (Hier berücksichtigt Beckett auch nicht, daß Watt in Teil I erst den Weg zu Knotts Haus zurücklegen muß und am Ende den Rückweg beschreitet, ganz abgesehen von der Rahmensituation zu Beginn und am Schluß, die die Teile I und IV zu einem erheblichen Teil schildern.) In Teil III befindet sich Watt in einer Lage, die nur durch ein „Asyl"-Symbol versinnbildlicht werden kann. Das heißt aber nicht, daß dies wörtlich zu nehmen sei, wodurch die Erzählung Watts zur Irrenhausgeschichte würde.
192 Vgl. Scheurle, H. J.: *Überwindung der Subjekt-Objekt-Spaltung in der Sinneslehre,* Thieme (Stuttgart 1973), mit Geleitwort von H. Hensel.

auf ihre *relative* Berechtigung hin reduziert und gelten nur im Sinne einer dynamisch-wechselnden *intentionalen* Zuwendung. Das Subjekt als wahrnehmende Instanz ist damit wieder in die Sinneslehre eingeführt. Das hat weitreichende Konsequenzen auch für die Beurteilung dessen, was ein Dichter wie Beckett wahrnimmt, wenn er auf eine Entdeckungsreise ins Innere seines Wesens geht.

Nimmt man hinzu, daß der Mensch nicht nur *fünf* Sinne hat, die nach außen gerichtet sind, zuzüglich einiger, die sich auf seine körperlichen Zustände und Befindlichkeiten richten, und akzeptiert darüberhinaus noch eine Erweiterung des Wahrnehmungsbegriffs auf die Bereiche von Sprache („Wort-Sinn") und Denken („Gedanken-Sinn") sowie auf das Erkennen von Personen („Ich-Sinn"), dann kommt man zu einem vollständigen „Sinnes-Organismus", der den beobachtbaren anthropologischen Tatsachen entspricht[193]. Durch eine solche Auffassung der Sinnestätigkeit wird die Absolutheit der Trennung in zwei qualitativ unvereinbare Welten, die Innenwelt und die Außenwelt aufgehoben, d.h. die Trennlinie wird, durch die intentionale Zuwendung, ohne die vorhandenen Unterschiede zwischen den beiden Seinsbereichen wegzudiskutieren, *prinzipiell überwindbar*. Durch die Wiedereinführung des Subjekts in seiner Bedeutung für den Akt jeder Art von Wahrnehmung wird es wieder möglich, sich als „Bürger beider Welten" zu fühlen, ohne gleich mit naturwissenschaftlichen Scheinargumenten „ins Irrenhaus" verbannt zu werden. Die Kriterien für eine „wahrheitsgemäße Berichterstattung", d.h. aber auch: für den Über-Individuellen-Wert einer „dichterischen" (fiktionalen) Aussage, müssen unter solchen Gesichtspunkten neu überdacht werden.

Dem Wahrnehmungsakt sind nicht nur die Begriffe „Sinnesempfindung" (= Reiz) und „Sinnesinhalt" (= Erkennen) als Äquivalente für etwas Objektiv-Meßbares bzw. „bloß" subjektiv Empfundenes zugeordnet, sondern die Intentionalität steht *übergeordnet* über beidem und es wäre eine willkür-

---

193 Vgl. Steiner, R.: *Menschenwerden, Weltenseele und Weltengeist*, G.A., Bd. 205.

liche Beschränkung, wenn man unter „Sinnesempfindung" nur das verstehen wollte, was im „Physisch-Organischen" sich abspielt. „Die Sinneswahrnehmung beinhaltet Unmittelbares und Ursprüngliches. Das Wissen von den Wahrnehmungen trägt den Charakter eines direkt Gegebenen und nicht weiter Ableitbaren."[194]

Die natürliche Wahrnehmung – auf allen Seins- bzw. Sinnesebenen – ist durchsetzt von Urteilen bzw. Vorurteilen. Je weniger sich diese in den Wahrnehmungsakt mischen, desto genauer ist das Beobachtungs-Resultat. Das gilt für den Hör- und Seh-Akt ebenso wie für den Wahrnehmungsakt im Sinne „innerer Beobachtung", d.h. auch für das, was „Sam" von Watt erfährt. Das „Freisein von Vorurteilen" ist ebenso wichtig für den seelischen Wahrnehmungsvorgang wie für den organischen das Gesundsein der physischen Sinnesorgane. In dem ganzen Komplex steckt noch einmal das Problem der Identifizierung und Vergegenständlichung; der Wahrnehmung als Erlebnis und ihrer bewußtseinsmäßigen und tatsächlichen Realisierung und evtl. Weitergabe.

Becketts Weg war ein Weg der Verinnerlichung und Vertiefung. So wie er das am Beispiel Prousts dargestellt hat. Allerdings hat er sich – was nicht übersehen werden soll – über die bei anderen Dichtern (so auch bei Proust) psychologisch noch leichter faßbaren subjektiven Erlebnisbereiche hinaus begeben und tatsächlich „Neuland" betreten[195]

---

194 Scheurle, H. J., a.a.O., S. 16.
195 Novalis (Friedrich von Hardenberg): *Fragmente,* Jess (Dresden 1929), S. 388. Novalis hielt „übersinnliche" Wahrnehmung für prinzipiell möglich, d.h. die Ausbildung geistiger Wahrnehmungsorgane für gegeben. Im Fragment 1110 stellt er die Frage, ob „unsere Sinne nichts als Modifikationen des Denkorgans" seien und als solche könnten wir sie „nach Gefallen modifizieren und dirigieren". Er hielt es für „das willkürlichste Vorurteil", daß dem Menschen das Vermögen abgehe, „mit Bewußtsein jenseits der Sinne zu sein", d.h. „übersinnlich" wahrzunehmen, was wie eine contradictio in adjecto klingt, solange man einen eingeschränkten Sinnesbegriff hat. – R. Steiner geht in *Wie erlangt man Erkenntnisse der höheren Welten* (GA 10) von derselben Voraussetzung wie Novalis an das Problem geistiger Wahrnehmung heran (vgl. Fußnote 138).

„Auf der Suche nach dem Ich"[196] hat Beckett nicht nur das „Alltags-Ich" abgelegt und ist zu den Daseinsschwellen von Geburt und Tod vorgedrungen. Er hat *aus dem Erlebnis des Nichts* (das ihm wie eine Gebärmutter des Irrationalen erschien und ihm zu einem schöpferischen Quell der Imagination und Intuition wurde) Kräfte entwickelt, die es ihm gestattet haben, Einblicke in die Welt der Ungeborenen und Toten zu tun. Er hat die damit verbundene Einsamkeit, das Schattenhafte der Erfahrung, kennengelernt[197].

WATT ist ein Meilenstein auf dem Wege zum Nicht-Sinnlichen, zur „Unsterblichkeit" – zu einem rein geistigen Sein, dem die Erwartung, die Kontemplation, aber auch das aktive Interesse Becketts gilt. Nicht umsonst empfindet Beckett Sympathien für Heinrich von Kleist, dessen Traktat über das Marionettentheater er kennt, dessen Todessehnsucht ihm vertraut ist[198].

In Becketts Bedürfnis nach Ruhe und Alleinsein steckt etwas von seiner Beziehung zum Sterben, seinem Verlangen nach dem „Ende der Beobachtung"; denn der Berkeley'sche Satz («Esse est percipi») ist seiner Vorstellung vom Sein als einem Wahrnehmungsprozeß trotz einschränkender Bemerkungen über dessen Wahrheitsgehalt durchaus adäquat[199].

Becketts eigene Werke, auch nach WATT und der Trilogie, bezeugen allerdings, daß mit dem Tode ein Ende der Selbstwahrnehmung nicht notwendigerweise verbunden ist. Man denke in dieser Hinsicht an *Play, That Time* und andere Jenseits-Meditationen. In *Play* spielt sich eine nachtodliche Rück-

---

196 Diese Formulierung entspricht M. Esslins Kapitelüberschrift über Beckett in: *Das Theater des Absurden*, a.a.O., S. 23.
197 Beckett läßt Hamm in *Fin de partie* sagen: «L'infini du vide sera autour de toi, tous les morts de tous les temps ressuscités ne le combleraient pas, tu y seras comme un petit gravier au milieu de la steppe.» (S. 54)
198 Auf dem Gedenkstein für Kleist am Wannsee in Berlin, an der Stelle, wo er sich am 21. November 1811 das Leben nahm, steht ein Zitat aus dem *Prinz von Homburg:* „O Unsterblichkeit – nun bist du ganz mein." Diese Zeile zitierte Beckett gesprächsweise am 22. 2. 1975 in Berlin, als wir auf Kleist zu sprechen kamen. Vgl. auch Knowlson/Pilling: *Frescoes of the Skull* a.a.O. (1979), S. 277: *Beckett and Kleist's essay 'On the Marionette Theatre'*.
199 Vgl. *Film, Samuel Beckett Werke*, Bd. 1, S. 347.

schau dreier „Köpfe" ab, die aus Urnen starr nach vorne schauend über ihr Leben berichten, in dem sie schicksalsmäßig miteinander verbunden waren (im Sinne einer Dreiecksgeschichte). In *That Time* sieht man, wie ein weißhaariger Alter mit den Stimmen seiner eigenen Vergangenheit konfrontiert wird. Die Sehnsucht nach der Ruhe im Tode war offenbar schon von früher Kindheit in Beckett; sie hat ihn ein Leben lang begleitet und ist oft genug als „Depression" gedeutet worden[200].

Beckett ist allen Fragen nach der „Bedeutung" seiner Werke ausgewichen, gelegentlich mit der Bemerkung, er sei kein Philosoph[201]. Wenn Beckett sagt, er sei kein Philosoph, dann ist das cum grano salis zu verstehen. Es scheint mir eher so zu sein, daß Beckett von der Philosophie kaum zureichende Antworten auf die ihn quälenden existentiellen Probleme erwartet. In der Kunst geht es außerdem darum, etwas zu versinnlichen, es hörbar, anschaubar usw. zu machen. Deshalb leben viele Künstler in einer intensiven Wahrnehmungstätigkeit. Das ist bei Beckett nicht anders. Deshalb seine Bemerkung: «Je ne suis que sensibilité.»[202]

200 Becketts Beziehung zu Steinen, die er „fast eine Liebesbeziehung" nannte, brachte er selbst mit dem Tod in Zusammenhang (Gespräch vom 9. 9. 1967). Als Kind habe er oftmals Steine vom Strand aufgelesen, sie nach Hause getragen, wo er sie auf Bäume legte, wofür er Nester baute, um sie vor Wellen und anderen Unbilden zu schützen. Von Sigmund Freud erwähnte Beckett bei derselben Gelegenheit, dieser habe einmal geschrieben, der Mensch trüge eine Art vorgeburtliche Sehnsucht zum Mineralischen in sich. Diese Bemerkung machte Beckett im Anschluß an das Phänomen des Sterbens, des Absterbens, des „Versteinerns", nachdem ich von „sklerotischen Zügen" in der Figur des Krapp gesprochen hatte. Er ließ sich diese Züge von mir genau beschreiben. Beckett wies dann noch darauf hin, daß Malone auch Steine mit sich herumgetragen habe. Er habe „Steinspiele" mit ihnen gemacht. Seine Bemerkung, es gäbe wohl Menschen, die erst glücklich wären, wenn sie ein bestimmtes Lebensalter, einen gewissen Grad des *Abgestorbenseins* erreicht hätten, schien mir damals biographisch gemeint zu sein.
201 Auf eine entsprechende Frage am 12. 4. 1969 dachte er einen Moment nach, meinte jedoch achselzuckend: „Nein, es geht nicht." Dann fügte er hinzu, er habe kein Urteil über sein eigenes Werk und dessen Bedeutung (vgl. Fußnote 183).
202 Vgl. Fußnote 59.

Worauf es im Blick auf WATT ankommt, ist zu zeigen, wohin Becketts Intentionalität im Wahrnehmungsakt gerichtet ist. Zweifellos nicht auf die Wahrnehmung der Außenwelt. Becketts Blickrichtung ist ganz nach Innen gerichtet. In die Tiefe seines Wesens. Er ist nicht bei einer subjektiven Selbstanalyse oder -wahrnehmung stehengeblieben, sondern über den normalen Bewußtseinshorizont hinausgeschritten. Dabei mußte er seine eigene Vorstellungswelt sowie das damit verbundene rationale Denken „wegschaffen". Er begab sich nicht auf die Suche „nach der verlorenen Zeit", wie Proust das getan hat, sondern *er hob die Zeitlichkeit gewissermaßen auf.* In seinem Bewußtsein hat er die Schwelle überschritten. Er erfuhr dabei, daß sich beim Durchgang durch diesen Nullpunkt die Vorstellungswelt umkehrt. Es war schwer, dies künstlerisch in Bilder zu fassen, weil diese „durcheinandergerieten". Mit ungeheurer Anspannung, in einer «Tour de force», hat er seine Erlebnisse in Worte zu fassen versucht. Denn außer dem Bild-Erleben, das noch stark von vertrauten Vorstellungsfragmenten gespeist wird, begann er „Stimmen" zu hören, die Bericht erstatteten. Watts Stimme.

WATT ist selbstverständlich nicht völlig frei von Subjektivem. WATT ist dennoch keine „bloße Erfindung". WATT ist ein Erfahrungsbericht. Die Bildmotive, Worte, sprachlichen Rhythmen usw. und die ganze Komposition ordnen sich einem geistigen Gehalt unter, sind nur Mittel, nicht Selbstzweck, weil sie der Schilderung einer neuen *Realitätsebene* dienen. Darin liegt das Geheimnis dieses Textes. Trotz der Schwerverständlichkeit geht von hier aus auch jene zunächst unfaßbar scheinende Faszination aus, die derjenige, der sich ernstlich mit WATT auseinandersetzt, spürt.

Schlußbemerkung

Beckett beschreibt in WATT eine mehrdimensionale Wirklichkeit. Er hat dies mit gewohnter Präzision getan. Um einen Erfahrungsbereich zu schildern, der in dieser Form in der zeitgenössischen Literatur noch nicht beschrieben worden ist, mußte er neue Ausdrucksformen finden. Die ungewohnten Ausdrucksmittel und der dargestellte Erlebnisinhalt haben dazu geführt, daß Kritiker übereinstimmend zu der Meinung gelangt sind, hier würde nur ein Irrenhaus-Milieu beschrieben. Dabei ist Watts Weg ein Schicksalsweg, den Beckett durch Geburt und Tod hin verfolgt: vom Eintritt ins Dasein, auf seiner Bahnreise, seinem Weg zu Mr. Knotts Anwesen, dem Schwellenübertritt, durch die verschiedenen Sphären des Hauses und Anwesens von Mr. Knott bis zum neuen Schwellenübergang. Neben manchen anderen Fragen ergab sich auch die nach der Wiederverkörperung, der Reinkarnation.

Weitere Auskünfte sind von Beckett nicht zu erhalten. Beckett hat beschrieben, was ihm zum Erlebnis wurde. Über den Text hinaus, der solche Fragen nach Geburt und Tod treffend formuliert, wird von Beckett jeder Kommentar verweigert.

In der Beschreibung des so schwierigen Bewußtseinswandels beim Durchgang durch die verschiedenen Wirklichkeitsbereiche, im Übertritt ins Haus und im Verlassen desselben, findet sich der „esoterische" Gehalt dieses Werkes, ein Gehalt, dem wir uns interpretatorisch genähert haben.

Dieser Untersuchung lag ein anthropologisches Interesse zugrunde. Es wurde phänomenologisch vorgegangen, d.h. der Text wurde dem Gehalt nach und in seiner kompositorischen und formalen Eigenart untersucht. Zweck der Untersuchung war es, den gnoseologischen Grundzug, den wir in WATT vermutet haben, aufzuzeigen. Die Gestalt Watts ist eine personifizierte Frage, das geistig-seelische Menschenwesen betreffend.

WATT, der Roman, ist eine künstlerische Formulierung dieser Frage und eine Beschreibung des Weges, den Geist und Seele durch die unterschiedlichen Wahrnehmungsbereiche gehen.

Das phänomenologische Verfahren, das in dieser Arbeit angewandt wurde, erwies sich nicht nur als geeignet, die psychologische Problematik, die WATT dem Leser bietet, aufzuhellen. Es ließ sich auch Verständnis dafür wecken, wieso es überhaupt denkbar ist, daß Beckett als Schreiber eines fiktionalen Textes über den subjektiven Wahrnehmungs- und Erfahrungsbereich hinaus zu allgemeingültigen geistigen Aussagen kommen konnte.

Indem Beckett es dem Leser ermöglicht, Watts Durchgang durch Geburt und Tod innerlich nachzuvollziehen, macht er diesem das Leben im Leibe und in gewissen Bereichen der geistigen Welt begreifbar.

Dieser den wechselvollen Erlebnissen Watts zugrundeliegende Tatbestand wird als „gnoseologischer Grundzug" des Romans WATT bezeichnet.

Gesamtverzeichnis der verwendeten Literatur

Acheson, J.: "Murphy's Metaphysics", *Journal of Beckett Studies* 5 (Autumn 1979), S. 9–23.
Alvarez, A.: *Beckett* (London 1973), dt. *Samuel Beckett* dtv (München 1975).
Anderegg, J.: *Literaturwissenschaftliche Stiltheorie* (Göttingen 1977).
Bair, D.: *Samuel Beckett – A Biography* (New York, N.Y. und London 1978).
Beckett at Sixty. A Festschrift (London 1967).
Beckett, S.: *Werke* Bd. I–IV (Suhrkamp) (Frankfurt a. M. 1976).
– *That Time – Damals* (nicht enthalten in *Werke*) (Frankfurt a. M. 1976).
– *Company* (New York, N. Y. 1980)
– *Rockaby* (New York, N. Y. 1981)
– *Samuel Beckett-Auswahl*, Suhrkamp (Frankfurt a. M. 1968).
– *WATT*, John Calder (London 1963).
– *WATT*, Edition de Minuit (Paris 1968).
– *WATT*, Suhrkamp TB st 46 (2. Aufl., Frankfurt a. M. 1975).
– *Proust*, Grove Press (New York, N.Y. o.J.) (first published 1931), dt. Ausg.: *Marcel Proust*, Peter Schifferli (Zürich 1960).
– *Endspiel – Fin de partie – Endgame* (dreisprachiges TB st 171, 2. Aufl.) (Frankfurt a. M. 1976).
– *Bram van Velde*, abgedr. in *Materialien zu Samuel Becketts Romanen* (hrsg. von H. Engelhardt und D. Mettler), TB st 315 (Frankfurt a. M. 1976).
– *Murphy*, Grove Press (New York, N.Y.o.J.) und dt. Ausg. rororo TB 311, 2. Aufl. (Reinbek b. Hamburg 1966).
– *No's Knife*, Calder and Boyars (London 1967).
– *Nouvelles et Textes pour rien* (Paris 1958).
– *Erzählungen und Texte um Nichts* (Frankfurt a. M. 1962).
– *Warten auf Godot – En attendant Godot – Waiting for Godot* (dreisprachiges TB st 1, 11. Aufl.) (Frankfurt a. M. 1979).
Bernal, O.: *Das Dilemma der Repräsentation* in: *Materialien zu Samuel Becketts Romanen* (Frankfurt a. M. 1976).
– *Langage et fiction dans le roman de Beckett* (Paris 1969).
Birkenhauer, K.: *Beckett*, rororo TB 176 (Reinbek b. Hamburg 1971).
Bock, E.: *Wiederholte Erdenleben*, Urachhaus (Stuttgart 1932 und 1952).
Bonnefoy, C.: *Entretiens avec Eugène Ionesco* (Paris 1966).
Breuer, H.: *Samuel Beckett* (München 1972).
Breuer, R.: *Die Kunst der Paradoxie* (München 1976).
Brooks, C. M.: "The Mystic Pattern in 'Waiting for Godot'" in: *Modern Drama* 9, No. 3 (1966), S. 292–299.
Bryer, J. R.: *Samuel Beckett: A Checklist of Criticism* in: Friedman, M. J. (ed.) *Samuel Beckett Now*, Univ. Press (Chicago 1970); MLA Bibl. 1971–1977.
Büttner, G.: *Absurdes Theater und Bewußtseinswandel*, Westl. Berliner Verlagsges. (Berlin 1968).

Büttner, M. R.: „Watt" in: *Die Christengemeinschaft* 50, H. 2, Urachhaus (Stuttgart, Febr. 1978), S. 63–65.
Chalker, J.: *The Satiric Shape of WATT* in Katharine Worth (ed.): *Beckett the Shape Changer* (London 1975).
Coe, R. N.: *Beckett* (Edinburgh und London 1964 und 1968).
Cohn, R.: "Watt in the Light of The Castle" in: *Comparative Literature*, No. 2 (Spring 1961), S. 154–166.
– *Samuel Beckett: The Comic Gamut* (New Brunswick, N. J. 1962).
– (ed.) *Casebook on Waiting for Godot* (New York, N.Y. 1967).
– "Philosophical Fragments in the Works of Samuel Beckett" in: *Criticism: A Quarterly for Lit. and the Arts,* Vol. VI, No. 1 (Winter 1964).
Cousineau, T. J.: "WATT: language as interdiction and consolation", abgedr. in *Journal of Beckett Studies* No. 4 (Spring 1979), S. 1–13.
Di Pierro, J. C.: *Structures in Beckett's "WATT",* French Literature Publications Co. Inc. (York, South Carolina 1981), z. Zt. im Druck. (Das gleichzeitige Erscheinen einer weiteren Monografie über *WATT* gibt Veranlassung, Di Pierros Buch anzuführen, obwohl es dem Verf. noch nicht zur Verfügung stand.)
Dreysse, U.: *Realität als Aufgabe. Eine Untersuchung über Aufbaugesetze und Gehalt des Romanwerks von Samuel Beckett,* Bad Homburg v.d.H. 1970 (Frankf. Beitr. z. Anglistik u. Amerikanistik 5).
Driver, T. F.: "Beckett by the Madeleine", *Columbia Forum, IV* (Summer 1961).
Duckworth, C.: *Angels of Darkness* (London 1972).
Durozoi, G.: *Beckett* (Paris – Montreal 1972).
Engelhardt, H., und Mettler, D. (ed.): *Materialien zu Samuel Becketts Romanen* (Frankfurt a. M. 1976).
Esslin, M.: *The Theatre of the Absurd* (New York, N.Y. 1961), dt. Ausg.: *Das Theater des Absurden* (Frankfurt a. M. 1964).
– *Samuel Beckett: A Collection of Critical Essays* (Englewood Cliffs, N. J. 1965).
Federman, R.: *Journey to Chaos. Samuel Becketts Early Fiction* (Berkely and Los Angeles 1965).
– *Samuel Beckett. His Works and His Critics* (zus. mit J. Fletcher) (Berkeley and Los Angeles 1970).
Fletcher, J.: *The Novels of Samuel Beckett* (London 1964 und 1970).
– *Samuel Becketts Art* (London 1967), dt.: *Die Kunst des Samuel Beckett* (Frankfurt a. M. 1969 und 1976).
Francis, D.: *Samuel Beckett* (London 1971).
Friedman, M. J.: "The Novels of Samuel Beckett: An Amalgam of Joyce and Proust", *Comparative Literature* 12 (Winter 1960), Eugene/Oregon.
– (ed.): *Samuel Beckett Now* (Chicago 1970).
Gessner, N.: *Die Unzulänglichkeit der Sprache – Eine Untersuchung über Formzerfall und Beziehungslosigkeit bei Beckett,* Diss (Zürich 1957).
Göltner, W.: *Entfremdung als Konstituens bürgerl. Lit.* (Heidelberg 1976) (Studia Romanica 27).
Greenberg, A.: "The Death of the Psyche: A Way to the Self in the Contemporary Novel", *Criticism* 8 (Detroit/Michigan, Winter 1966).
Guggenheim, P.: *Ich habe alles gelebt,* Scherz (Bern und München, 2. Aufl. 1980).
Harvey, L. E.: «Samuel Beckett – initiation du poète» in: *Samuel Beckett – Configuration critique.* (ed.) M. J. Friedman (Paris 1964), S. 153–168 (Revue des Lettres moderne 100).

Hemleben, J.: *Jenseits* (Reinbek b. Hamburg 1975).
Hensel, G.: *Beckett* (Velber 1968).
Hensel, H.: Geleitwort in : H. J. Scheurle: *Überwindung der Subjekt-Objekt-Spaltung in der Sinneslehre,* Thieme (Stuttgart 1977).
Hesla, D. H.: "The Shape of Chaos: A Reading of Beckett's WATT", Critique 6 (Minneapolis, Spring 1963).
- "The Shape of Chaos: An Interpretation of the Art of Samuel Beckett" (III The Defeat of the Proto-Zetetic: Watt) (Minneapolis 1971), S. 59–85.
Hoefer, J.: "Watt", Perspective II (Autumn 1959), S. 176f. (reprinted in Esslin, M.: *Samuel Beckett: A Collection of Critical Essays* (Englewood Cliffs, N.J. 1965).
Hutchinson, M.: *All the Livelong Way* in: *Beckett at Sixty,* a.a.O., S. 93.
Ionesco, E.: *Tagebuch* (Journal en miettes) (Neuwied 1968).
Iser, W.: „Samuel Becketts dramatische Sprache" in: *Germanisch-romanische Monatsschrift* 11 (Oktober 1961), S. 451–467.
- *Der implizite Leser* (München 1972).
- "The Pattern of Negativity In Beckett's Prose", *The Georgia Review,* Vol. XXIV, No. 3 (Fall 1975), S. 1–14.
- *Der Akt des Lesens* (München 1976).
- *Subjektivität als Selbstaufhebung ihrer Manifestationen,* abgedr. in: *Materialien zu Samuel Becketts Romanen* (Frankfurt a. M. 1976), S. 203.
- *Die Artistik des Mißlingens* (Heidelberg 1979).
Jacobsen, J., und Mueller, W.: *The Testament of Samuel Beckett* (London 1966).
Janvier, L.: «Les difficultés d'un séjour» in: *Citrique* 263 (Paris, avril 1969), S. 312–323.
Josipovici, G. (ed.): *The Modern English Novel* (London 1976), darin Kap. X: *The fictional topography of Samuel Beckett* von R. Lee, S. 206f.
Kenner, H.: *Der Bereich des Rationalen* in: *Materialien zu Samuel Becketts Romanen* (Frankfurt a. M. 1976), S. 258.
Kesting, M.: *Das Romanwerk Samuel Becketts* in: *Vermessung des Labyrinths. Studien zur modernen Ästhetik,* Fischer (Frankfurt a. M. 1965).
Knowlson, J. R.: *Samuel Beckett: an exhibition,* Turret Books (London 1971).
Knowlson, J., und Pilling, J.: *Frescoes of the Skull* (London 1979).
Koestler, A.: *The Act of Creation* (London 1964).
Lessing, G. E.: *Schriften II,* 3. Bd. (Insel Lessing).
- *Zwei Briefe,* Faksimile Druck der Herzog August Bibliothek, (Wolfenbüttel, o.J.).
Leventhal, A. J.: "The Beckett Hero", *Critique: Studies in Modern Fiction* VII. 1964–65 (Winter), S. 18–35, reprinted in Esslin, M. (ed.): *Samuel Beckett* (Englewood Cliffs, N.J. 1965), S. 37–51.
Maierhöfer, F.: *Samuel Beckett. Warten auf Godot,* Oldenbourg (München 1973).
- *Endspiel,* Oldenbourg (München 1977).
Martel, F.: «Jeux formels dans *Watt»* in: *Poétique* 10 (1972), S. 153.
Mayer, H., und Johnson, U. (ed.): *Das Werk von Samuel Beckett. Berliner Colloquium* (Frankfurt a. M. 1975).
Mayoux, J.: *Über Beckett* (Frankfurt a. M. 1966).
Mears, R.: "Beckett, Sarraute, and the Perceptual Experience of Schizophrenia", *Psychiatry* Nr. 36 (1973), S. 61–69.
Monteith, C.: *A Personal Note* in: *Beckett at Sixty* a.a.O.

Mood, J. J.: "The Personal System – Samuel Beckett's *Watt*", PMLA (1971) S. 255–265.

Moody, R. A.: *Leben nach dem Tode* (Reinbek b. Hamburg 1977).

Moorjani, A. B.: "Narrative Game Strategies in Beckett's *Watt*", *L'Esprit Créateur*, Vol. XVII, No. 3 (Fall 1977).

Morse, J. M.: "The Contemplative Live According to Samuel Beckett", *Hudson Review* 15 (New York, N.Y., Winter 1962–63), S. 512–524.

Pilling, J.: *Samuel Beckett* (London, Henley and Boston 1976).

Rabinowitz, R.: "*Molloy* and the archetypal traveller" in: *Journal of Becketts Studies* No. 5 (Autumn 1979), S. 25–44.

Reichel, E.: „Der Roman und das Geschichtenerzählen", *DVJS* 52 (1978), S. 296–345.

Rohmann, G. (ed.): *Laurence Sterne* (Darmstadt 1980).

Rosen, S. J.: *Samuel Beckett and the Pessimistic Tradition*, Rutgers, Univ. Press (New Brunswick, N.J. 1976).

Rusterholz, P.: „Semiotik und Hermeneutik" in: *Prisma* Nr. 23 (Kassel, Juni 1980), S. 10–15.

Scheurle, H. J.: *Überwindung der Subjekt-Objekt-Spaltung in der Sinneslehre*, Georg Thieme (Stuttgart 1977).

Schneider, A.: "Waiting for Beckett", in: *Chelsea Review* (New York, Autumn 1958) und reprinted in: *Beckett at Sixty*, a.a.O., S. 34.

Schoell, K.: "The Chain and the Circle", *Modern Drama* (May 1968), S. 48–53.

– *Das Theater Samuel Becketts* (München 1967).

Schroeder, E.: "Proben mit Beckett", FAZ, 17. 11. 1967.

Seaver, R. W.: *I can't go on. I'll go on (A Selection from Samuel Beckett's Work)* (New York, N.Y. 1976).

Senneff, S. F.: "Song and Music in Samuel Beckett's *Watt*" in: *Modern Fiction Studies* 10 (Lafayette, Ind., Summer 1964). S. 137–149

Smuda, M.: *Becketts Prosa als Metasprache* (München 1970).

Stanzel, F. K.: "Towards a Grammar of Fiction", *Novel* 11 (1978).

Steiner, R.: *Rudolf Steiner Gesamtausgabe*, Bde. 4, 9, 13, 17, 29, 109, 111, 145, 282 und 350 (Dornach b. Basel).

Swanson, E.: "Samuel Beckett's *Watt*: A Coming and Going", *Modern Fiction Studies* 17 (Lafayette, Ind. 1971/72), S. 264–268.

Tophoven, E.: *En traduisant Beckett* in: *Das Werk Samuel Becketts. Berliner Colloquium*, a.a.O. (Mayer, H. und Johnson, U. ed.).

Trivisonno, A. M.: "Meaning and Function of the Quest in Beckett's *Watt*", *Critique* 12 (Minneapolis 1969), No. 2.

Warhaft, S.: "Threne and Theme in *Watt*", *Wisconsin Studies in Contemporary Literature* (Autumn 1963), S. 261–278.

Wasserman, J.: *Watt's World of Words* in: H. R. Garvin (ed.): *Twentieth-Century Poetry, Fiction, Theory* (Lewisburgh, Pa. and London 1977), S. 123–138.

Webb, E.: *Samuel Beckett – A Study of His Novels*, Peter Owen (London 1970).

Wellek-Warren: *Theorie der Literatur*, Ullstein (Berlin 1968).

Wiedemann, G.: *Gedanken über die Unsterblichkeit als Wiederholung des Erdenlebens* (Stuttgart 1961).

Winston, M.: "*Watt's* First Footnote", *Journal of Modern Literature* 6, 1 Temple Univ. "Special Beckett Number" (Febr. 1977), s. 69–82.

Worth, K. (ed.): *Beckett the Shape Changer* (London 1975).

Summary

After a thorough survey of the secondary literature on the novel *Watt*, this thesis discusses its "esoteric quality". It indicates the level of inner reality the description of "Watt's world of words" leads to. In relation to other works of Beckett, it raises the question of whether or not a novel such as *Watt* legitimately enlarges man's knowledge beyond the generally accepted (and otherwise dogmatised) borders of our consciousness.

In many of Beckett's plays and prose writings, we find man described in a rather hopeless situation. Many of his characters are on the fringe of existence, even on or beyond the threshold of death. This is most clearly depicted in *Endgame*, in the trilogy, and in *Watt*. Man's consciousness changes when crossing into (or touching) the realm of spiritual existence. When the author Beckett penetrates this realm, he subjects his reader to an unexperienced level of reality. Beckett, looking from within his own mental sphere, listening like the novel's protagonist, Sam, to a whispering voice, enlarges our knowledge. He is an explorer of the limits of our existence.

Any interpretation of the humane aspects of *Watt*, must take into account Beckett's own warning at the end of this novel: "no symbols where none intended". This phrase is not to be understood as an absolute prohibition to interpret. It is Beckett's warning for those who lightheartedly employ too much of their own imagination in interpreting the actual text. There are indeed some hidden aspects which must not be overlooked. The underlying gnoseological idea is one.

By using a hermeneutic analysis in order to discover the metaconscious state of being which Beckett depicts, *Watt* can give us a new understanding which is contary to the general opinion that Watt and Sam are mere inmates of a mental asylum.

The thesis concludes the interpretation of Beckett's novel *Watt*, with a discussion on recent investigations in the field of the physiology of sense-perception. These investigations have opened up long-closed doors for a scientific approach to higher knowledge about man's true nature.

Beckett's novel, for many years neglected by literary criticism, is given through this analysis and interpretation its due place as a noteworthy philosophical source within the total *oeuvre* of Beckett's.

Gottfried *Büttner*, geb. 13. März 1926 in Dresden. Nach dem Abitur in Dresden (1947) Studium der Medizin an den Universitäten Göttingen und Tübingen. Staatsexamen und Promotion 1953. (Dissertation: *Über die Wechselwirkung zwischen tuberkulöser Erkrankung und Persönlichkeit — pathobiographische Betrachtung über Christian Morgenstern und Friedrich von Hardenberg (Novalis)* bei den Professoren Wolfgang und Ernst Kretschmer, Tübingen).

Praktischer Arzt (Arzt für Allgemeinmedizin) zunächst in Ulm (1956–61), seither in Kassel-Wilhelmshöhe.

Seit 1952 verheiratet mit Dr. med. Marie Renate Büttner, geb. Neindorf, sechs Kinder.

Buchveröffentlichungen:

Absurdes Theater und Bewußtseinswandel (Berlin 1968; 2. Auflage 1969) und als Herausgeber (zus. mit H. Hensel, Marburg): *Biologische Medizin – Grundlagen ihrer Wirksamkeit* (Heidelberg 1977).